本专著由

浙江省社科联省级社会科学学术著作出版资金资助出版

本专著是

国家自然科学基金（70941011）和（70873104）项目研究成果

中国国家博士后科学基金（20100471750）项目研究成果

浙江省高校人文社科重点研究基地"决策科学与创新管理"

（RWSKZD02-201008）项目研究成果

浙江省社科规划之江青年课题（11ZJQN005YB）研究成果

当代浙学文库

DANGDAI ZHEXUE WENKU

Academic Organization Reengineering：
Growing Mechanism of Interdisciplinary Academic Organization
in Universities

学术组织再造：

大学跨学科学术组织的成长机制

◎ 张 炜 著

浙江大学出版社

ZHEJIANG UNIVERSITY PRESS

序

    21 世纪是学科交叉和学科融合的世纪,跨学科研究和教育已经成为获取原创性科研成果、培养高素质创新人才的重要途径,对科学创新能力的影响日益显著。加强大学跨学科学术组织建设因而成为我国高等教育体制改革与制度创新一个重要突破口。大学需要承担率领和引导科学、创新和高等教育变革的特殊责任,以确保这些领域的政策具有前瞻性和战略性,并保持连贯性和互补性,以充分利用国家和区域智力资本。

    大学是以知识为材料、学科为单元的学术组织,学科是大学学术组织存在的核心特征(伯顿.R.克拉克,1994)。大学、学院、学系及从事教学和科研的相关机构都是基于学科的组织,这类基于学科的组织统称为"学术组织"。跨学科学术组织是以跨学科教育和研究为核心特征的学术组织。跨学科不是目的,而是解决复杂问题,促进科学创新的途径。促进跨学科的发展需要建立一种包容异端、鼓励创新、保持开放的氛围,以及灵活的机制。青年学者张炜博士近年来坚持对大学跨学科问题开展研究,他的学术专著《学术组织再造:大学跨学科学术组织的成长机制》从学科和跨学科角度出发,在深入探析跨学科学术组织成长和跨学科大学自组织运行理论模式的基础上,归纳出相应的跨学科学术组织实践特征和行为策略,探讨基于跨学科的新型大学学术组织构造模型及其在中国的实现路径,具有很强的理论价值和现实意义。

    衷心希望有更多的理论研究者和管理实践者关注并积极推动大学学术组织创新,探索大学在创新、创造方面的更大作为!

浙江大学党委副书记、教授、博士生导师

邹晓东

2011 年 11 月 8 日

目　　录

第一章　绪　论

一、问题的提出

我们正处在一个急剧变化、富于挑战、充满希望的时代。知识经济的兴起,信息社会的到来,科学技术的突飞猛进,全球化趋势的不断加强,预示着以传递、发现、综合和应用知识为本的大学将走到社会中心,在 21 世纪经济和社会的发展中起着先导和核心作用。那么,大学如何才能适应环境变化和社会发展的需要,担当起时代赋予的重任呢?

大学是以知识为材料,学科为单元的学术组织。学科是大学学术组织存在的核心特征。大学传统的三大基本职能——人才培养、科学研究和社会服务,无不是以学科为基础单元来进行划分和组合的;从根本上说,大学的声誉和学术水平有赖于学科水平,大学的生机源自学科活力。因此,当大学学科结构发生根本性变化时,必然会对大学学术组织结构提出变革要求。

学科的发展在相当程度上体现了科学发展的内在规律。从学科发展史可以看出,学科发展基本遵循统合——分化——统合的发展趋势,这与现代科学的发展趋势基本一致。德国物理学家普郎克曾经指出:"科学是内在的统一体,它被分解为单独的部门不是由于事物的本质,而是由于人类认识能力的局限性。"20 世纪中叶,特别是 70 年代以来,现代科学一方面继续不断分化,分门别类的研究比近代科学更为精细和深入;另一方面,出现了系统综合趋势,而且综合化和整体化的趋势更加突出。主要表现在:(1)横断学科(数学、系统论、控制论、信息论)的发展,从方法论上把各门学科贯通和联系起来;(2)一批代表高技术的综合学科(如信息科学、环境科学、能源科学、航天科学等)相继问世,更加明显地表现了科学整体化的特点;(3)学科交叉呈现出更大跨度的趋势,门类繁多的各门自然科学与技术科学相互交叉和渗透,联系日益紧密,形成了统一完整的科学技术体系,实践着科学和技术的综合化过程,不仅如此,自然科学技术和人文社会科学技术之间也出现了彼此渗透、移植、结合的一体化发展趋势。可见,在现代科学高度分化和高度综合的有机统一体中,综合居于主导地位,它日益深刻地揭示了物质世界和各门学科的相互联系和相互转化的丰富内容。基于科学分化和综合的矛盾运动所形成的否定之否定规律，可以断言，21世纪将是科学"统合"的世纪，而且统合的趋势不仅限于科学（自然科学和技术科学），还将普及到整个文化科学领域，包括数学、自然科学、技术科学和人文社会科学在内的人类全部知识与创造活动的总和。大学作为知识的发源地和文化的集散地，必然会受到这种科学发展趋势的影响。

大学学科的发展结构，正是遵循着学科和科学发展的内在规律，基本上沿袭了综合——分化——综合的演进脉络。伴随近代科学的产生，大学学科发展经历了世俗化、科学化和不断分化的过程，形成了近代大学学科由点到线的树状化结构。在当代科技、经济、社会和文化发展的新形势下，特别是学科和科学发展的统合趋势下，大学学科发展的趋势出现了根本性转折，日渐形成了由线到面的网状化科学结构。跨学科研究的发展，交叉学科、边缘学科不断涌现，已经成为高等教育发展的时代特征。许多重大的科学突破和技术进步，以及综合性社会问题的解决，也往往源于跨学科研究和交叉学科、边缘学科的发展。因此，可以说，传统大学学术组织赖以存在的组织基础——学科分化特征，已经动摇。在时代的客观要求和推动下，跨越传统学科界限的跨学科研究活动正在成为现代大学的基本使命之一。以跨学科研究为核心特征的学科整合趋势，已经成为大学学术组织存在和发展的新基石；同时，又对大学功能提出了新的要求，即知识的整合和创新。根据组织行为理论，组织功能的发展必然要求组织结构的创新和发展。这种客观变化趋势，促进和推动着大学学术组织的全面变革。因此，也就产生了本书的论题——基于跨学科研究的大学学术组织再造。

二、研究目的与背景

本书的研究目的是力图通过系统考察学科、跨学科与大学学术组织发展的关系，跨学科研究发展的途径，跨学科研究引发的大学学术组织变革趋势，以及我国大学跨学科研究的现状，总结出现代大学跨学科学术组织的基本特征和运行机制；并以此为基础，提出构建基于跨学科的新型大学学术组织模式的设想，以促进大学跨学科研究和交叉学科的深入发展，进而有利于大学的学术创新和知识创新。本书要解决的核心问题是科学分析和总结出跨学科研究发展的基本规律，以这一规律为指导，系统研究国内外著名大学的跨学科（交叉学科）学术组织模式及其运行机制，从中发现若干规律和问题，最终提出基于跨学科的新型大学学术组织构造模型。

本书的研究工作是在鲜明的时代特色和高等教育改革的实践背景基础上进行的。首先是知识经济和信息时代的到来，使得大学学科内在的传递性、生产性、应用性和再生产性被"激活"和"强化"；其次是科学技术的飞速发展，经济和社会发展的需要,将大学推向了时代前沿,科教兴国的发展战略已经成为世界各国的共识;最后是高等教育自身发展的客观需要,主要体现在现代大学职能发展的需要、现代学科内在发展的需要、现代大学管理创新的需要几个方面,这些都对大学学术组织提出了变革要求。与此同时,我国当前正在进行的以"共建、调整、合作、合并"为基本内容的高等学校体制改革,为我国大学的学院、学系和学科结构的重组与建设提供了充分的实践条件。正是这些背景和现实因素,为本书研究工作的顺利进行奠定了良好的基础。

三、国内外研究现状

有关跨学科的理论和实践研究兴起于 20 世纪中期,与先进自然科学的产生、发展相仿,它最初依然是出现在欧美发达国家。早期成立的、作为跨学科研究兴起标志的机构有:美国兰德公司(The Rand Corporation,1948),出版物为《兰德公司研究评论》;法国跨学科研究中心(CETSAP,1960),出版物为《交流》;德国跨学科研究中心(ZIF,1968),出版物为《年度报告》。70 年代,跨学科研究开始走向成熟,1970 年同时创办两本以发表跨学科研究成果为宗旨的杂志:《跨学科综合杂志》(Journal of Interdisciplinary Cycle Research),以英、德、法文刊出;《跨学科历史杂志》(Journal of Interdisciplinary History)。1974 年,出版《国际跨学科研究年鉴》;1976 年,英国创办《跨学科科学评论》(Interdisciplinary Science Review);这些学术杂志逐渐为广大学术界所承认。1972 年,国际经济合作与发展组织(OECD)与法国教育部联合出版重要文献《跨学科——大学的教学和科研问题》文集;1979年,宾西法尼亚大学出版专题文集《高等教育中的跨学科》,上述文献对跨学科教育基本理论和模式做了全面论述,开辟了专业性探讨大学跨学科活动的先河。进入80 年代,跨学科研究蓬勃发展。1980 年,跨学科研究国际协会(简称 INTERSTU-DAY)成立,标志着跨学科研究体制国际化的正式确立。1986 年,联合国教科文组织召开首次跨学科会议,1991 年召开第二次会议,题为《科学的传统:面向 21 世纪的跨学科展望》,对未来跨学科研究的发展做了展望。我国的跨学科研究活动发展于 80 年代前期,当时称为交叉科学研究。1985 年,我国首届交叉科学学术讨论会在北京召开;跨学科研究出版活动也十分活跃,代表性著作有李光、任定成主编的《交叉科学导论》(1989),刘仲林主编的《跨学科学导论》(1990)等。90 年代以来,我国跨学科研究活动进一步发展,其中 1993 年完成的《中国 21 世纪议程》研究工作,是我国跨学科研究活动跨入国家级发展战略的重大成果。

尽管时代的客观变化趋势,日益促进和推动着大学学术组织的全面变革,然而,当前有关大学学术组织再造的理论探索和实践,国内外的系统研究都不多。国外较有代表性的是美国麻省理工学院(MIT)将企业再造理论应用于大学行政机构改革,其目标是降低行政费用,并使之更好地为学术活动服务。而国内进行的大学学术组织改革,更多的是关注改革的具体实践活动,如学院管理模式、学术管理、学科建设、院系组织与人事制度改革等方面。总而言之,现有关于大学学术组织再造的理论和实践研究都存在明显的缺陷。主要表现在:一是将大学学术组织再造仅仅停留在概念(企业再造理论)的引入上,与大学的内在特征未能很好结合;二是多为具体研究、表层研究和实践操作研究,缺乏系统的理论支撑,更未能形成理论体系。至于,将跨学科研究与大学学术组织再造结合起来,从理论和实践上进行探索和总结规律的,迄今为止,也只是概念上的提出,如"跨学科大学"(1972,OECD-CERI《Interdisciplinary》),还很少有研究者进行这方面的深入研究工作。

本书的研究旨在挖掘高等教育发展的内在规律和特征,基于对学科、跨学科研究与大学学术组织发展的互动关系和规律的探讨,对大学学术组织再造从理论和实践上进行较为深入、系统的研究。

四、核心概念的界定

本书中涉及的核心概念主要有五个:跨学科(interdisciplinary)、跨学科研究(interdisciplinary research)、学术组织(academic organization)、跨学科学术组织(interdisciplinary academic organization)和科学创新能力(innovation of science)。

首先,我们来讨论一下跨学科和跨学科研究的概念。"跨学科研究"一词是由跨学科和研究两个词汇组合而成。要知道什么是"跨学科",就要界定其相关概念"学科"的意义,因为"跨学科"的定义是建立在"学科"概念基础上的。"学科(discipline)"在《词海》中的释文是:"(1)学术的分类。指一定科学领域或一门学问的分支。如自然科学部门中的物理学、生物学,社会科学部门中的史学和教育学等。(2)教学的科目。学校教育内容的基本单位。如普通中小学的政治、语文、数学、外国语、物理、化学、历史、地理、音乐、图画、体育等。"本文中的"学科"概念取第一种含义。英文中"学科(discipline)"的含义是"学问的分支(branch of learning)[1],意思与释文(1)基本相同。但《词海》和《时代大辞典》中的解释仅停留在表面层次,未能揭示学科概念的本质特征。现代学科学研究认为,学科必须具备以下条件:(1)专业组织;(2)独特的语言系统;(3)特殊的研究策略;(4)特有的规则。其中第四项中的规则具有四个特征:①潜在性;②公共性;③层次性;④相对稳定性。[2]

"跨学科",顾名思义,是横跨几门学科的学科。"跨学科"一词的英语为"interdisciplinary"。它是在 discipline(学科)的形容词基础上加前缀 inter(在……之间;

---

① 选自《时代(英—英・英—汉)双解大辞典》,世界图书出版公司1996年版。

② 李光、任定成主编:《交叉科学导论》,湖北人民出版社1989年版,第48—49页。

一起;互相)构成的。《时代大辞典》对"interdisciplinary"一词的解释为:"涉及两门或更多的学术和艺术学科的(involving two or more academic scientific or artistic disciplines)",即"各学科间的;科际整合的"之意。1937 年,《新韦氏大辞典》和《牛津英语词典补本》首次收入"跨学科"一词。就学术意义而言,"跨学科"至少可以包含或引申出三层不同的涵义①:(1)打破学科壁垒,把不同学科理论或方法有机地融为一体的研究或教育活动;(2)指包括众多的跨学科学科(交叉学科)在内的学科群;(3)指一门以研究跨学科的规律和方法为基本内容的高层次科学。本书中"跨学科"的定义兼有上述第一和第二层次的含义。"跨学科研究(interdisciplinary research)",从字面上看,可以翻译成"跨学科科研"。《郎文现代英汉双解词典》对"research"一词解释为:"为了获得新的科研成果或科学规律而进行的高级研究活动(advanced study of a subject, so as to learn new research facts or scientific law)"。从现代科学和学科发展趋势来看,跨学科是一个综合性的概念,是各种程度学科合作的统称,它包括多学科(multi-disciplinary)、交叉学科(cross-disciplinary)、跨学科(inter-disciplinary)、复杂学科(pluri-disciplinary)和横断学科(Transdisciplinary)等概念;跨学科是从学科到交叉学科再到横断学科这个过程中的一个阶段,是对发生较深入学科整合阶段的诠释;它是跨越学科边界,把不同学科理论、方法或范式有机地融为一体的研究或教育活动。从对跨学科概念的界定中,我们认识到:促进跨学科的发展并非要打破学科体系、推翻学科范式和颠覆学科传统。跨学科不是目的,而是解决复杂问题、促进科学创新的途径。促进跨学科的发展需要建立一种包容异端、鼓励创新、保持开放的氛围,以及灵活的机制。事实上跨学科是难以准确定义的,因为"跨学科"是一个动态的传统学科间的合作融合,无法用静态概念加以概括。

　　IDR 作为"跨学科科研"的首字母缩写最早出现在 1980 年。因此,"跨学科研究"可以简单理解为基于或跨越几门学科的科学研究活动。跨学科研究已经成为最富有效率和激励人类追求新知识的互动交流平台。美国国家科学院和工程院(2004)联合发布的《促进跨学科研究》学术报告中指出,跨学科研究是一种研究范式,这种研究范式由若干个研究团队或者研究者个体整合了来自两个或多个学科、或者一系列专业知识领域的信息、数据、技术、工具、观点、概念以及理论体系,其目的在于提升基础科学知识的理解,或者解决那些超出单一学科和研究实践领域范围的复杂问题。跨学科研究的核心价值在于整合和合成新的思想、方法以及理论,而不是跨越多个学科或知识领域创造一个新产品。跨学科研究要求多个学科一起合作解决共同的问题,通过互动交流锻造成为一个新的研究领域或者学科。例如,

---

① 刘仲林著:《跨学科教育论》,河南教育出版社 1991 年版,第 277—278 页。

目前由理论物理学家和数学家正在探索发展的弦理论，这个问题提出的本身就给物理学家和数学家带来了思维方式上根本性的变革和顿悟。跨科学研究显著不同于"借鉴"（borrowing）研究和多学科研究。借鉴研究是指一个学科的方法、技能或者理论在不同学科领域的运用。多学科研究是指超过一个以上的学科一起合作解决共同的问题，当工作结束以后学科独立的性质未变，每一个学科在研究工作中发挥了单独的贡献作用。例如，一个考古学项目计划要求地质学家或者化学家的支持和参与，但这种研究工作是补充性和附加性的，而不一定是整合性的。

跨学科研究的兴起源于学科结构的自然进化，特别是边缘学科、邻居学科为解决复杂现实问题，跨越多个学科运用新的研究方法、技术和工具整合了原有的知识体系，从而形成了新的学科研究领域。但是，在本书中"跨学科研究"的涵义包括跨学科的两个支柱领域——跨学科科研和跨学科教育。这是因为跨学科研究虽然始于跨学科的科学研究活动，其基本思想却是孕育于大学综合教育。在大学的跨学科研究活动中，跨学科科研与跨学科教育也从来是不可分割的。

其次，我们探讨一下学术组织和跨学科学术组织的概念。"学术组织"一词的英文是"academic organization"，字面意义是"学院的、学术的组织"。本文仍从学科角度来探讨和引申学术组织的涵义，因为"学科"是高等教育系统区别于其他系统的特有的基本结构。在大学里，教学和科研都要由人去做，而且组织起来去做才有效益和效率。从这一角度看，学科的深层涵义，是指"学界的组织"或"学术的组织"，即从事教学和研究的机构。由此来看，大学、学院、学系以及从事教学和科研的其他机构都是基于学科的组织，我们把这类基于学科的组织称为"学术组织"。

跨学科学术组织是以跨学科教学和跨学科研究为核心特征的学术组织。大学跨学科学术组织通常是打破了原有学科和院系学术组织界限，进行广泛的跨学科教育和研究的学术机构，一般会根据科学研究和社会实际需求，通过设置功能定向的跨学科计划、实验室、研究中心、研究所、课题组、跨学科研究协会等学术组织模式，将跨学科协作实体化和体制化。自2000年以来，我国学者对国内外跨学科学术组织进行了初步研究。吴琦（2001）介绍了美国加州大学跨学科教学和研究组织，并指出其对于学术创新和培养创新型人才的重要意义。胡为庆和孔寒冰等（2002）指出，当今世界一流大学基本上都建有各具特色的跨学科教学和科研组织。孔寒冰（2002）详细阐述了日本东京大学的跨学科教学与研究机构的发展模式。张炜（2002）基于跨学科研究发展基本规律，运用自组织理论初步构建了跨学科大学运行机制的假设模型。张炜、邹晓东（2003）详细介绍并分析了日本名古屋大学的跨学科流动型教育研究系统。张炜、翟艳辉（2003）总结了我国大学跨学科研究的三种基本模式，并对其运行机制进行了利弊分析。熊华军（2005）以麻省理工学院CSBi运行机制为例，详细阐述了大学虚拟跨学科组织的原则、特征和优势。周兆透(2006)论述了大学跨学科研究组织与传统大学学术组织的不同,并分析了跨学科研究组织的管理创新特征。钱佩忠(2007)对我国高校跨学科组织的一般模式和运行机制进行了分析,指出了推进跨学科研究的主要障碍。陈丽琳(2007)分析了美国的哈佛大学、斯坦福大学、麻省理工学院等著名大学的跨学科研究和教学机构,并指出了对我国大学的借鉴意义。程新奎(2007)对当代大学跨学科组织的主要特征和运行模式进行了比较研究。董金华和刘凡丰(2008)对我国研究型大学跨学科研究的组织模式和运作机制提出了建议和对策。杨晓平、苏隆中(2008)对美国若干研究型大学的跨学科研究平台的运行机制和特征进行了总结分析。肖斌、邓晓蕾等(2008)从交易费用理论、组织生态理论和学习型组织理论等视角,对大学跨学科组织的生成进行了理论分析。周朝成(2009)详细介绍了加州大学跨学科研究的组织结构与制度模式,为我国大学开展跨学科研究提供了借鉴经验。张学文(2009)对美日一流大学的跨学科组织发展与创新的成功经验进行了总结。综上所述,当前国际一流大学的跨学科学术组织理论和实践已经基本成熟,而我国大学跨学科学术组织模式的构建和运行还有待于进一步发展和实践检验。

最后,我们来讨论一下大学科学创新能力的概念。钱学森先生在 20 世纪 60 年代最早提出"科学能力学",指出科学能力是把科学知识"生产"出来的能力。赵红州(1984)提出了科学能力的基本要素,包括科学家队伍、实验技术装备的质量、图书－情报系统的效率、科学管理组织结构以及科学教育水平。David L. Deeds(1997)提出企业科学能力概念。Robert J. W.(2002)论述了技术的科学依赖性,并构建了科学能力变量。Coriat 和 Weinstein(2001)、Marsili(2001)和 Martin Meyer(2002)提出"基于科学的创新"的主要特征,如基础研究、科学知识显性化、知识来源于广泛的交叉学科等。郭金斌(2001)提出了科学创新能力构建的基本观点。Charlette Geffen(2004)认为公立科研机构应逐步培养创新能力,即通过探索科学理论概念并进行研究性拓展。英国国家科学与技术议会办公室(2004)提出发展中国家科学能力构建原则,包括持续投入、联合创新网络以及灵活性等。21 世纪以来,大学科学创新能力及其评价研究受到关注。山石、龚礼明(2000)基于科学生产过程的数学模型对中国大学的科学能力进行了初步评价。韩震(2004)从整体知识能力角度构建了中国大学评价指标体系,其中的知识生产能力评价指标就是对大学科学创新能力做出的基本评价。谢彩霞(2006)运用科学计量法从科技论文、发明专利等指标对大学科技创新能力进行了分析。大学评价国际委员会(2006,2007)发布了国际大学创新力客观评价报告,从创新实力、创新活力和创新影响力三个维度构建了国际大学创新力评价指标体系。孟浩和王艳慧(2008)基于知识创新系统对我国部分研究型大学进行了知识创新综合评价。综上所述,目前学术界对于科学创新能力以及大学科学创新能力的概念界定和评价体系尚未达成一致。本研究认为,大学科学创新能力是现代大学知识生产和知识创新的动态过程能力,是大学原始创新能力的真实体现。为有效获取客观数据并保持一致性,本研究对大学科学创新能力直接采用世界一流大学及学科竞争力评价研究报告(2007)和世界大学科研竞争力排行榜(2009)的评价指标体系,即大学科学创新能力包括科研生产与影响力(以论文发表数、论文被引次数、高被引论文数和进入ESI排行学科数等指标衡量)和科研创新与发展力(以专利数、热门论文数、高被引论文占有率等指标衡量)。相关数据均采用世界一流大学及学科竞争力评价指标体系中的标准定义和客观数据。

五、研究方法和研究框架

本书采用的研究方法主要有:

(1)归纳式研究——运用归纳法总结出跨学科研究发展的基本规律,并创新运用系统理论和自组织理论探讨分析了跨学科研究发展的动力机制;

(2)多重组合案例研究——分别选取美、英、德、日四国的著名大学作为典型案例,系统考察和分析了这些大学的跨学科研究与跨学科学术组织模式,总结出大学跨学科学术组织的若干基本特征;

(3)跨样本比较研究——系统比较了国内外大学在跨学科研究、跨学科学术组织模式及其运行机制方面的异同,进而分析了各类模式的优势与不足;

(4)多元统计分析研究——基于组织行为问卷和多元统计工具分析了样本高校的相关数据资料,为本书研究工作中提出的观点和假设提供了充分的论据。

本研究的创新点在于:一是自组织理论的创新运用,即从跨学科研究发展的内在逻辑和外在逻辑出发,运用系统理论和自组织理论分析并总结出跨学科研究发展的动力机制——在跨学科研究开放系统中,综合科学理论(序参量)与问题需要(控制参量)的交互作用引导跨学科研究系统有序发展;二是跨学科理论的实践应用,即根据跨学科研究发展的基本规律,分析并构造出大学跨学科学术组织的因素模型,进而提出有利于跨学科研究和交叉学科发展的新型大学学术组织结构模式,同时针对基于跨学科的现代大学学术组织再造工程提出了若干切实可行的策略和建议。本书的研究工作具有严密的内在逻辑性,基本上形成了一个有机的统一体,其研究内容的整体框架如图 1-1 所示。

```
┌─────────────────────────┐
│      第一章 绪论          │
└─────────────────────────┘
             │
             ▼
┌──────────────────────────────────────┐
│ 第二章 学科发展与大学学术组织产生发展的关系 │
└──────────────────────────────────────┘
             │
             ▼
┌──────────────────────────────┐
│ 第三章 跨学科研究的发展规律及其对大  │
│        学学术组织再造的启示        │
└──────────────────────────────┘
        │                    │
        ▼                    ▼
┌──────────────────┐  ┌──────────────────┐
│ 第四章 美国高校跨学科研究引 │  │ 第五章 德国高校跨学科研究引 │
│   发的大学学术组织变革    │  │   发的大学学术组织变革    │
└──────────────────┘  └──────────────────┘
        │                    │
        ▼                    ▼
┌──────────────────┐  ┌──────────────────┐
│ 第六章 日本高校跨学科研究引 │  │ 第七章 中国高校跨学科研究引 │
│   发的大学学术组织变革    │  │   发的大学学术组织变革    │
└──────────────────┘  └──────────────────┘
        │                    │
        ▼                    ▼
┌──────────────────┐  ┌──────────────────┐
│ 第八章 中国高校跨学科学术组 │  │ 第九章 跨学科大学学术组织  │
│ 织对其科学创新能力的影响   │  │   模式设计与结构特征     │
└──────────────────┘  └──────────────────┘
        │                    │
        ▼                    ▼
┌──────────────────┐  ┌──────────────────┐
│ 第十章 跨学科大学的自组织运 │  │ 第十一章 中国高校跨学科学术 │
│ 行机制与实现条件       │  │ 组织建设与发展的长效策略   │
└──────────────────┘  └──────────────────┘
        │                    │
        └──────────┬─────────┘
                   ▼
        ┌──────────────────┐
        │ 结语 主要研究结论    │
        └──────────────────┘
```

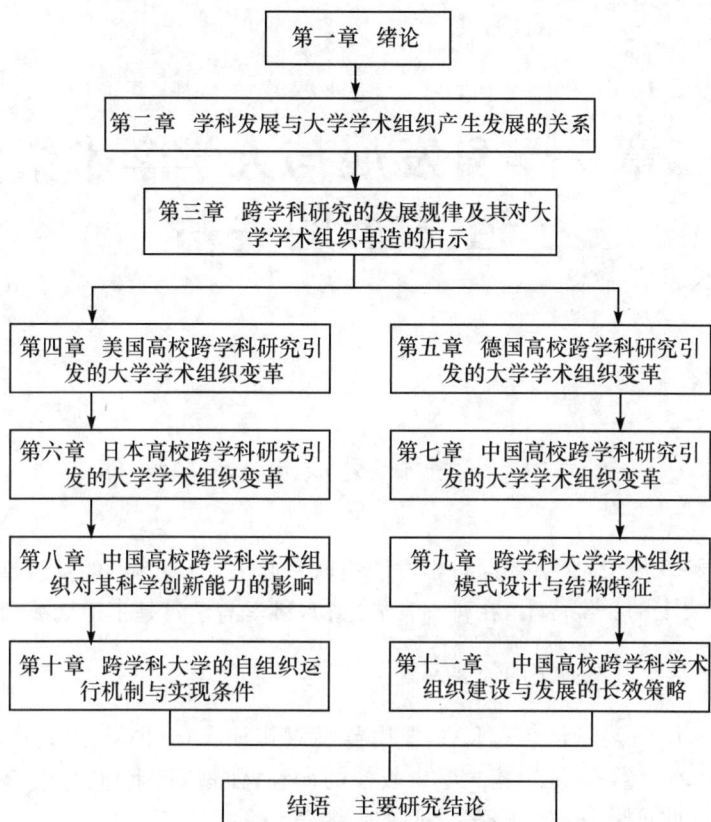

图 1-1 本书的逻辑结构

第二章 学科发展与大学学术组织产生发展的关系

第一节 学科发展的基本规律

研究学科发展史,必然要同科学发展史联系起来,因为学科的发展是建立在科学发展基础之上的。实际上,在科学发展之初,科学与学科是不加区分的。

一、科学与学科发展史的简要回顾

"科学(science)"一词,在《郎文现代英汉双解词典(1993 年版)》中有一种解释:"the sciences,学科,通常指大学中教授的课程,如物理、生物、化学、数学等(见释例 b)"。由此可见,科学与学科之间的渊源很深。

在人类历史的长河中,科学的发展大体上经历了综合—分化—再综合的三个阶段。古代科学起源于希腊,丹皮尔(W. C. Dampier,1986)认为,"首先创立科学的,应该说是希腊爱奥尼亚的自然哲学家"。① 在古代,生产力水平低下,科学基本上是一种经验性的知识,带有直观的原始综合的性质,是当时人们反映自然界所获得的自然知识体系。科学是以自然哲学的面貌出现的,各种科学知识都包括在一般知识之中,统称为哲学。此时,科学即哲学,是一切知识的总汇;科学家即哲学家,公认的科学之祖泰勒斯,就是希腊的第一位自然哲学家。这时的科学研究是一种统合的、模糊的研究活动,这个阶段一直持续到 16 世纪近代科学产生以前。16世纪末,近代自然科学从自然哲学中分化出来,逐渐形成了较完整的知识体系。科学实践活动从生产技术实践活动中独立出来,成为专门的系统活动;在科学实验和科学方法论的推动下,理论自然科学开创了系统研究的先河。17 世纪,牛顿力学的建立,成为数学、天文学、物理学、化学等科学活动的动力源泉;牛顿力学的适用

---

① 《关于科学起源的争论》,《科学史译丛》1986 年第 1 期,第 42 页。

范围扩大到整个自然界,从而使各门科学都获得了深入的发展。科学的分化也日趋明显,哲学、自然科学、社会科学(涵盖人文科学)三足鼎立的总体格局开始形成。从 19 世纪初至 20 世纪中叶,随着生产的发展和社会分工的继续深入,自然科学的专门化趋势进一步加强;微观物理科学、生物科学、地质科学、航空科学等各类科学分支不断出现。哲学、社会科学领域也发生深刻变化,不断创立新的科学分支,如马克思主义哲学、政治经济学等。但是,从 20 世纪下半叶以来,科学在继续分化的同时,开始向高度综合化、整体化、社会化的方向发展。系统论、信息论、控制论成为系统科学的三大基础,耗散结构论、超循环论、系统动力学、生命系统论、突变论、协同学等都是系统科学研究活动的新成果。科学方法论开始以系统综合为基本特征。而自然科学和社会科学之间也在不断进行交叉融合,并成为解决人类社会面临的各种问题的有效途径之一。

那么,学科发展的历史又是怎样的呢? 我们可以与科学发展的"三段论"对应来看。从古希腊到 16 世纪近代科学产生以前,是学科结构产生的朦胧时期。在这一时期,尚未形成完整的学科形态,自然科学学科、文史哲一体,即自然哲学统摄学科领域。直到这一阶段后期,才初露学科意识,自然科学中只有天文学、数学、力学学科稍显成型,物理学、化学尚未从头脑中分离出来。从 16 世纪近代科学产生到 19 世纪初叶,是学科结构发展的自觉意识时期。伴随着自然科学与哲学的划时代分离,自然科学、社会科学从"哲学"母体中分化出来,各自走上了相对独立发展的道路,形成了学科层面上的哲学、自然科学、社会科学(涵盖人文学科)的三角形学科结构构架。此时,在自然科学学科中,天文学、数学、力学的学科体系日趋完善,物理学、化学、生物学等学科业已建立。社会(人文)科学学科中,经济学、文学、历史学、社会学、心理学、教育学等学科已经形成了比较严密的学科理论体系。从 19 世纪初至 20 世纪中期,科学技术飞速发展,技术科学、工程科学中新的学科不断产生,哲学、社会科学领域的新学科也不断出现,这是一个学科大分化时期。目前到底有多少学科,难以统计清楚。《学科的边缘》一书中列出的自然科学领域学科名称达 4162 门,《世界新学科总览》中收录的当代哲学、社会科学领域中主要的、有影响的学科就达 470 门。从 20 世纪中叶开始至今,进入了学科结构的系统综合时期。系统科学研究的兴起,交叉科学、跨学科研究的深入,这一切使得各类复合型、交叉型的新学科不断出现。因此,学科数量的激增,在很大程度上是高度跨学科的产物;在学科结构上则是统合趋势日趋明显,这体现为大量横向学科、综合学科的出现,如信息学、协同学、环境科学等。

二、学科发展规律的总结

通过考察学科发展史,不难看出,与科学发展史尤为相似的是,学科的发展也大体上遵循了综合—分化—再综合的"三段论"过程;在学科结构上,则体现了模糊(统合)—精确(细分)—模糊(统合)的辩证演进历程。当前的学科结构体现了系统综合的时代特征,但这并非传统意义上的回归;而是在学科分化基础上的整体性超越,是否定之否定的辩证演进。这至少体现了两层含义:(1)学科静态分类结构与学科动态有机体结构的统一。当代学科体系已不仅是各门类、各学科的静态结集结构,而且是一种学体动态结构。所谓学体动态结构,是指学科体系中出现的一种关于物质世界体系的某一方面的大知识单元,它可以是一个学科群体,也可以是若干学科群体凝聚而成的学科集团;每一学体围绕着特定的主题对象进行跨学科总结和整体性概括;这种学体是动态的、发展的,随着科学技术的演进而重新组合的。[①] (2)学科主干式结构与学科跨越式结构的统一。所谓学科主干式结构,是指在学科之林中,学科个体从特定的学科对象出发,建树了各自的学科体系,可谓主干分明,独立于学科之林。一方面学科主干茁壮成长,丰富了原有的学科知识结构;另一方面,主干自身延伸,在原有学科主干上衍生出许多分支学科,显示出明显的学科树状结构,即学科分化。所谓学科跨越式结构,其基本特征是:不同学科的知识对共同课题的跨越式研究;不同学科的研究方法对某些主题的跨越式探索;不同学科的研究组织和研究人员对共同关心的命题的跨越式协作。[②] 而学科动态有机体结构和学科跨越式结构则成为学科系统综合趋势的典型特征。

综上所述,当代学科发展的整体趋势是既分化又综合,但学科的交叉演进和综合化趋势更为明显。

第二节 基于学科分化的传统大学学术组织

系统研究欧美大学的传统学术组织形式,不难发现,无论英美的大学—学院—学系模式(见图 2-1),还是德国的大学—学部—研究所(讲座制)模式(见图 2-2),都是建立在学科分化基础上的。

---

① 陈燮君著:《学科学导论——学科发展理论探索》,上海三联书店 1991 年版,第 47—48 页。
② 陈燮君著:《学科学导论——学科发展理论探索》,上海三联书店 1991 年版,第 61—67 页。

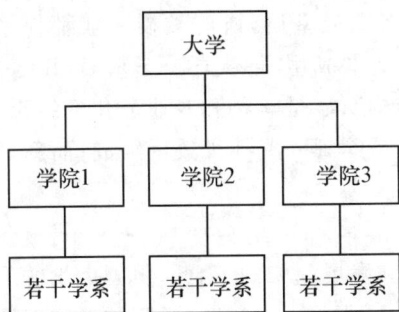

图 2-1　英美模式　　　　　　　　　　　图 2-2　德国模式

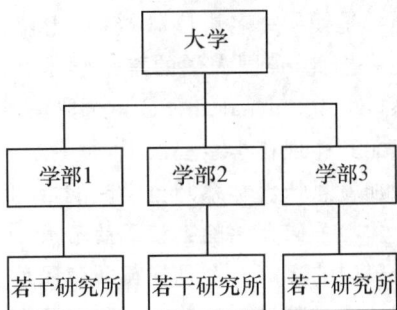

一、英美大学传统学术组织的历史演变

(一)英国大学院系模式的形成

英国的大学创建于公元 12 世纪。而牛津大学和剑桥大学一直被认为是英国传统大学的典型代表,它们最初都是仿照巴黎大学的模式建立起来的。中世纪大学开始是单科大学,如巴黎大学是神学大学,波隆那大学(意大利)是医科大学。牛津大学当时也是英国经院哲学(神学)教学和研究的中心。到了 13 世纪,牛津大学具备了正式大学(总学,Studium Generale)的资格,开始设有四科,即文、法、神、医。此时,英国传统大学的学术组织以上述四科为基础,形成四大学系(Faculty),即文系系、法学系、神学系和医学系。学院组织形式业已存在,但它是"一个接受捐赠的因而是自立的和自我控制的单位,教师和学生一起生活和学习","它一般不为本科生提供住宿,也不进行教学"①。它实质是学者和研究生的学术团体,并不完全是本文意义上的学术组织。到中世纪后期,大学学院的作用发生了变化,开始招收本科生,开始成为教学的实体,学院逐渐取代大学成为教学的基地。从 16 世纪60 年代起,"大学开始进入从属于它的组成部分——学院——的发展阶段"②。教学是学院的职责,授予学位是大学的权利。学院的使命与欧洲大陆普通教育的文学部或哲学部的使命类似。这一时期,古典人文文科仍然是低级学科,构成本科生课程的主要内容;神学、法学、医学是高级学科。与此同时,许多教授个人开设了涉及众多学科的公共讲座,学科的专门化趋势日益明显。19 世纪初,伦敦大学城市学院的创设,标志着英国新大学运动的兴起。在苏格兰大学和德国大学的影响下,发展起了以系为基础的学术组织结构,一个系即一门学科。最初,"一门学科的权

---

① 徐辉、郑继伟编著:《英国教育史》,吉林人民出版社 1993 年版,第 22—23 页。
② 徐辉、郑继伟编著:《英国教育史》,吉林人民出版社 1993 年版,第 89 页。

力通常是授予一名讲座教授；当比较正式的组织成型后，讲座教授一般都任系主任"。① 至此，英国大学的院系学术组织结构基本成型，即大学—学院（college）—学系（faculty/department）。这种院系组织结构明显是学科和专业分化的结果，这一点尤其体现在学系层次上，每一学系代表一门学科，由各科教授组成；而新学科的增加就意味着学系乃至学院的增加。

（二）美国大学院系模式的形成

美国的高等教育是在英属殖民地上建立和发展起来的，因此，美国大学的形式比较独特。其最初是单一的独立开办的学院，而不是大学，这种学院的形式来源于英格兰；与英国学院不同的是，美国学院从一开始就是独立授予学位的学院。这些学院是由各种各样的宗教团体，如长老会、公理会等举办的；最初的殖民地学院以哈佛学院（1636）、耶鲁学院（1701）等为代表。直到1876年，美国才建立起第一所大学——约翰·霍普金斯大学，其他院校是在19世纪中期逐渐由学院发展为大学的。美国大学的发展深受德国大学研究风气的影响，使美国的自主性大学逐步发展为研究性大学。但是，在学术组织形式上，美国并没有照搬德国大学的学部和研究所（讲座制）模式，而是开创性地建立了崭新的研究生院和专业学院模式。"通过在本科生学院的基础上建立研究生院和专业学院的作法，把德国的专门研究和高级训练模式同英美古老的自由教育模式结合起来了。"② 与此同时，美国的大学发展了以系为基础的学术体制，即把有关学科归入一个系来教授，作为最基层的教学和科研单位。从1825年系在哈佛学院出现，到1890年美国规模较大的大学都设了系，其中一些较大的系升格为学院；到20世纪初，所有的大学均设立了系或学院的建制。当时学系纷繁，所涉及的学科，从A（指天文学 Astronomy）到Z（指动物学 Zoology），无所不有。③ 至此，美国大学的三级学术组织结构基本形成：最高一级是大学；中间一级是学院，包括文理学院和专业学院（如医学院、法学院、商学院等）；最低一级是学系，"是一个围绕某一学科的共同利益而组织起来的相对统一的机构"。④ 由此可见，美国大学的学术组织结构也是建立在学科分化基础上的，是适应专业化需要的学术单位。

---

① （加）约翰·范德格拉夫著，王承绪译：《学术权力——七国高等教育管理体制比较》，浙江教育出版社2001年版，第89页。

② （加）约翰·范德格拉夫著，王承绪译：《学术权力——七国高等教育管理体制比较》，浙江教育出版社2001年版，第103页。

③ 贺国庆著：《德国和美国大学发达史》，人民教育出版社2006年版，第194页。

④ （加）约翰·范德格拉夫著，王承绪译：《学术权力——七国高等教育管理体制比较》，浙江教育出版社2001年版，第107页。

二、德国大学传统学术组织的历史演变

（一）中世纪的德国大学（14世纪下半叶至16世纪后期）

德国的大学是在14世纪后半叶出现的，最早的是布拉格大学（1348）和维也纳大学（1365）。就组织而言，早期的德国大学是教会和君主授予特权的师生独立团体。当时大学享有三项主要特权，第一项就是教学权和学位的考试权。为了便于掌握教学和考试，大学实行学部（Fakultat）制，即分成神学、法学和医学等三个专业学部，及一个实行普通教育的文学部。文学部是低级学部，它把古代的"七艺"加以修订，作为教学基础，其水平是介乎注重学习拉丁文的文法学校与神、法、医等专业学部之间。各学部分别选举"部长"主持部务，部务主要是安排课程和分派教学任务，主持辩论会，办理考试和授予学位等。

（二）宗教改革时期的德国大学（16世纪后期至18世纪末）

在16—17世纪，德国天主教和新教控制地区都建立了大量的大学，但大学的组织形式基本没有变化。过去大学所有的四个学部依然如故，四部之间的关系也没有改变。文学部这时改称哲学部，仍然是准备升入高级学部的预备班性质。哲学部此时已极为重要，它为神、法、医学部的专业学习奠定必要的普通知识基础；其传授的普通知识包括大量的自由学科，数学和物理学也逐渐受到重视，但直到18世纪这些学科才发展成为独立的学科。17世纪末，德国大学为了恢复其在学术上和科学上的地位，进行了重大改革，发展了以哈勒大学（1694）和格廷根大学（1737）为代表的具有现代意义的大学。它们采纳了现代哲学和现代科学，并以思想自由和教学自由为基本原则。现代哲学和现代科学精神已经深入到所有学部的教学领域，哲学部更是首当其冲，并由此取得了主导地位。而研究自由和教学自由成为政府认可的大学基本法权。

（三）洪堡改革以后的德国大学（19世纪初期至20世纪60年代）

1810年，柏林大学的创建揭开了德国大学教育史上新的一页。从开创之时起，德国就准备把它发展为德国科学和学术的中心。科学研究成为德国大学的首要使命，科研与教学统一的思想开始与日益依赖专业化和经验的研究方法结合起来。这种现代模式以"强制性研究任务"为中心，"把研究和教学统一在正教授身上，加强了他作为研究所主任的领导地位和在大学管理方面的作为兼职决策者的重要影响。"[①]正是在此基础上，德国大学正式形成了以讲座（chair）和研究所（institute）为基层学术组织单位的高校学术组织系统。此时，一所典型的德国大学包

---

① ［美］伯顿·R·克拉克著：《高等教育系统——学术组织的跨国研究》，杭州大学出版社1994年版，第51页。

括四至六个学部：神学（天主教的或新教的）、法律、医学、哲学、自然科学、社会科学（包括经济学）。哲学部已经成为和其他学部平等的专业学部，它的目标是为新建的文科中学师资提供学术教育。而且，德国大学中专业性质的讲学和研究班（seminar）等新事物，都是首先在哲学部推行的。至此，德国大学学术组织（管理）结构的典型模式基本形成，即大学——学部——研究所或讲座，该学术组织结构的重心在研究所或讲座一级，这种模式一直持续到 20 世纪 60 年代末。

不难看出，这种学术组织模式依然是以学科分化为基础的；只不过，德国大学的研究所通常范围更小，常常代表的是某些分支学科的领域。

第三节　学科综合趋势对大学学术组织发展的影响

正如前文所述，从 20 世纪下半叶开始，学科的发展进入了学科结构的系统综合时期。学科系统综合时期的典型时代特征是"学体动态结构"和"学科跨越式结构"[①]的出现，这两种结构形式出现的具体背景是"科学研究规模的扩大，学科探索领域的交叉，学科研究方法的互相借鉴和学科研究成果的相互渗透"[②]，即"跨学科研究"。跨学科研究的实质是知识的重新组织和整合，大学中跨学科研究的出现是大学学术职能发展的重要体现。按照波耶尔（Boyer，1994）的理论：大学正在兴起和发展第四种学术领域，即学术的整合（the scholarship of integration），其定义为"从不同的学科和广泛的知识背景出发，在知识和范式之间建立起联系；同时，打破原有知识体系的僵化分割，为新学科的成长和知识的应用提供交汇点。"[③]根据组织结构原理，组织功能的发展，必然要求组织结构发生适应性变革。大学学术组织功能的发展，即知识整合功能的出现，必然要求大学学术组织结构发生相应的变革。因此，以跨学科研究为核心特征的学科整合趋势，为大学学术组织再造提供了理论背景——建立一种基于跨学科研究的新型大学学术组织。

传统的大学教育体制是单学科占统治地位的体制，教育的结构和学术组织（如大学的院、系、专业等）的设置，都是按科学部类和学科建立的，都深深地打上了单学科的印记。学校的组织管理、教学的内容和方式方法，科研部门的设立等等，也都是围绕单学科来运作的。然而，伴随跨学科研究、交叉科学的不断发展，传统的

---

① 见本章第一节。

② 陈燮君著：《学科学导论》，上海三联书店 1991 年版，第 63 页。

③ Rita Johnston：《The University of the future：Boyer revisited》，《Higher Education》，(1998) (36：253—272)

教育结构和组织体制必然发生相应的变革;建立新型的跨学科研究和跨学科教育体制,已成为大学跨学科研究体制化趋势的突出表现。在许多国家,尤其是发达国家中出现的跨学科大学、跨学科研究生院、网络大学等,便是这类新型大学学术组织的典型代表。与此同时,组织结构的变革又必然促进组织功能的进一步发展,这主要体现在跨学科教育方法的采用,跨学科专业和课程的设置,跨学科学位的设立等方面。现代大学学术组织也迅速通过专业化的知识领域的交叉组合孕育出一些新的学术研究领域,如生物工程、生物地球化学、古地震学等,在传统学科之间也出现了无数的交叉学科间隙和课程。许多大学已经开始创新学术组织结构和变革学科领域,如广泛设立了跨学科实验室、研究中心、研究所、研究计划以及其他形式跨学科研究单位,这些组织成员常常是跨系、跨学科和跨学科的。在这方面有众多典型的例子。①

一、美国大学的跨学科研究趋势

自 20 世纪以来,美国大学的跨学科学术机构处于持续发展之中。根据对美国哥伦比亚大学、斯坦福大学、约翰·霍普金斯大学、纽约大学和马里兰大学等知名大学学系数量的变化统计,从 1900—2000 年,这些大学学系的数量从平均 20 个左右上升到 50—110 个。从 1900—1985 年,美国国家级的专业学术团体数量从 82 个上升到 367 个。从表面上看,学系数量和专业学术团体的增加表明科学和学科进一步细分的专业化趋势,但是实际上诸如生物物理学、生物化学、社会学、神经科学以及光子学等学科的出现,恰恰反映了以前截然不同的学科领域知识的整合。但是跨学科研究和跨学科学术组织的产生和发展并不是简单的线性上升趋势,而是非线性的自组织发生和发展的过程。

案例 2-1　哥伦比亚大学的学系和研究中心

哥伦比亚大学非常支持大学跨学科教育和研究。但是,像许多其他大学一样,在行政和组织结构上并没有很多公开的资料和数据可以反映其支持跨学科教育和研究工作。

大学学系的建立和数量被清晰地写在哥伦比亚大学章程和公开的学系手册上。1950 年以来,哥伦比亚大学学系的数量稳定 70 个左右,没有太多明显变化,一些学系随着学科优先领域的变化逐渐消失或者转变为新的学科,学系数量的变化无法反映出大学的跨学科范围和趋势。除了学系,哥伦比亚大学拥有数量众多的跨学科研究中心、研究所和其他跨学科学术组织。跨学科研究所的建立需要大

---

① 刘仲林著:《跨学科教育论》,河南教育出版社 1989 年版,第 317—323 页。

学学术委员会（理事会）和大学校长的批准，而跨学科研究中心或者其他跨学科学术组织的创建完全是由个体学院或者在实践项目活动中建立的，它们的建立甚至不需要系主任的批准。因此，这些跨学科学术组织基本上没有审批或者存续时间记录。根据收集和查证的资料显示，哥伦比亚大学的跨学科学术组织的数量在1996年达到105个，2001年达到241个，2004年达到277个。尽管在数量上远远多于学系，但是跨学科研究所、研究中心以及其他跨学科学术组织在规模、资源和对大学的贡献价值方面存在巨大差异，一些规模大的高水平的跨学科学术单位在规模上、学术影响力上甚至超过一般的学系，另外一些则是规模小、高度专业分化的学术领域。一些跨学科学术单位存在了数十年，还有一些则是短期的，几年就消失了，或者合并成为一个新的跨学科学术单位。一些跨学科学术单位一直致力于最初的学术领域或原始目标，而一些跨学科学术单位则逐渐转向了新的学术研究领域和焦点。因此，单纯从跨学科学术组织数量的增加上，并不能反映出跨学科学术组织发展过程中的多样化和差异化。

二、欧洲大学的跨学科研究趋势

欧盟的研究发展建议委员会（EURAB）在2004年发布了一项研究报告，列出了欧洲跨学科研究发展面临的障碍因素，并提出了相关对策建议。EURAB指出，纳米技术、生物技术和复杂环境系统以及社会科学领域的跨学科研究趋势迅速发展，而欧洲大学的单一学系、单一学科以及与之相匹配的研究基金资助体系正在成为跨学科研究发展的主要障碍。主要包括现有大学中已经建立的基于单一学科的基金和资源分配体系，很难去支持跨学科研究群体的发展；在大学学系主流结构之外的跨学科职业生涯结构是很脆弱的；新领域的跨学科的学术期刊需要花费很长的时间才能获得高度影响力，因而建立客观的和高质量的评价标准体系是困难的；来自不同学术背景的同事需要花费较长时间了解他人的研究范式和建立有效的工作关系；跨学科研究群体的规模较小，很难去建立正规化的专业结构体系，如创办学术期刊、举行国际学术会议等；大学生以及研究生很少能接触到跨学科研究领域的教育和培训，使得高质量的研究人才难以获得；很难去建立标准化的跨学科研究系统，即使获得相关资源的支持，跨学科学术组织的运行效率也较低。相关的政策建议主要包括：

（一）重新定义学科的领域范围

在学术研究资源分配体系中，捆绑相关研究学科，减少研究资助领域的限定范围正在成为一种趋势。如跨学科研究领域应明确包括社会科学和人文学科（SSH）；研究基金资助机构更广泛地确定研究资助领域和跨学科范围，如资助"主题领域"研究或者"问题导向"的研究，而不是按照学科领域划分资助范围。在研究学术组织机构中,扩大学科领域的划分界限,有助于减少资源分配体系和所有权(财务权和人事权)对跨学科研究的障碍。设立个体化的跨学科研究职位。已经被认可和承认的学科几乎很少愿意去追求更广阔的知识领域范围,因此在某些学术领域设立已有学科之外的跨学科教授职位是解决问题的有效方法。

(二)教育和培训跨学科研究者

所有的证据都显示,今天的研究生在他们未来的职业生涯中将会不断变换职业领域,包括研究型职业者。因此,在大学本科教育阶段,应向他们提供和开放面向其他学科的桥梁;在研究生阶段,应向他们提供一些明确的跨学科培训项目或研究计划(如欧盟 NSF 国家自然基金推出的整合式的研究生教育与发展培训生计划),跨学科培训和研究计划主要针对小规模的多方面的技术和研究方法在不同研究领域的运用,而大学研究生院应该在跨系甚至跨欧盟成员国的大学之间建立一系列的跨学科教育与研究项目;在博士研究生和博士后研究阶段,应与产业界建立联系,掌握更高水平的跨越不同学科的技术和技能(如 Danish 的工业博士研究项目);跨学科教育和培养并不意味着个体的跨学科学习,更为重要的是使来自不同学科领域学生和研究者组合在一起工作、学习和思考,保持不同学科之间开放的沟通和交流渠道,从而形成跨学科的研究理论体系和方法。

(三)大学学术结构和政策

传统的学科学术组织结构正在向矩阵式和虚拟式的学术组织结构转变,教师和学者将由学科矩阵式学术组织统一雇佣,逐渐在物理形式上和组织结构上消除学系分化的知识体系。虚拟研究中心、研究所、研究网络和实验室正在成为发展趋势。在这种学术组织中,从行政管理体制上,研究者隶属于学系,而研究工作和绩效评价则隶属于虚拟研究组织,资源和基金分配也属于研究机构;学系是研究者"永远的家",研究单位是研究者的"工作场所"。具体如 Weizmann 研究所,在研究所或研究中心下面也可以设立虚拟实验室。同时,可以建立跨越大学之间的国际化的虚拟研究机构,如欧盟的 IST(信息社会技术)研究计划以及 DFG 的研究中心计划。

(四)研究基金资助机构

研究基金正在从资助单个研究计划和项目转向雇佣和资助拥有仪器设备赞助的跨学科研究团队。大规模的资助基金要求建立跨系和跨越大学的合作性的跨学科研究机构。不同研究基金资助机构之间进行合作,设立联合招标和资助项目。研究项目资助领域是更广泛和开放性的跨学科领域,如资助领域按照"研究主题"、"关键研究领域"和"关键问题"划分,而不是学科领域或者定义设立基金,如欧盟的NEST(新兴科学与技术)项目计划。

三、日本大学的跨学科研究趋势

20 世纪 90 年代日本大学的变革是缓慢和渐进的。2001 年，Hiranuma 和 Toyama 法案获得通过，日本政府放松了对日本国立大学的管制。日本国立大学之间的合并与改革，进一步加速了日本大学的变革过程，其中最显著的变化就是鼓励大学学科会聚（Convergence of Disciplines），日本大学逐渐由传统的学术性大学向产业—大学—政府合作模式转变。日本大学及其研究机构学科发展的整体模式是由独立学科模式（模式 1）向多学科模式发展，少数大学逐步进入到跨学科模式（模式 4）和交叉学科模式（模式 3）。日本教育部、文化体育部和科学技术部联合在 20 世纪 90 年代末期设立了"21 世纪卓越研究中心计划"，对大学科学研究的资助趋势也从多学科领域转向交叉学科领域。

案例 2-2 日本国家高级跨学科研究中心（NAIR）

日本经济贸易产业部（METI）对跨学科研究给予了足够的重视。1993 年 1 月，成立了国家高级跨学科研究中心（NAIR），其目标是追求跨学科研究主题，这一主题覆盖工业科学的基础和前沿课题。它被描绘成一个创新的克服体制性界限的尝试，这一尝试通过召集各种专业的科学家——这些科学家不仅来自工业科学与技术研究所（AIST）和科技研究院所，而且还来自私营部门的大学和研究机构。国家高级跨学科研究研究所（NAIR）是 15 个工业科学与技术研究所（AIST）的研究机构之一，工业科学与技术研究所（AIST）实验室专注于提高日本的技术水平和能力的研发项目。最近的国家高级跨学科研究中心研究项目包括：

- 原子技术项目（纳米技术）。
- 集群科学项目（实验和计算的集群性研究）。
- 仿生设计项目（细胞和组织工程以及分子机械）。
- 新一代光电子学（大容量光内存）。

这些项目中的每一个都促使许多学科领域联系在一起以解决具体的、有趣的前沿科学问题。国家高级跨学科研究中心的管理基于四项原则：广泛的开放性，灵活性和人员流动性，国际合作，以及研究进展的目标评价。国家高级跨学科研究研究所雇佣了大量的临时研究人员，大部分研究人员来自政府、企业组织、学术组织和国外科研组织中的基础研究者。

从上述各国情况的简述中，我们可以看到：世界上许多国家的高等院校，无论是在学术组织形式上，还是在专业和课程设置上，都在朝着综合化的方向发展。而跨学科研究的深入发展，学科统合趋势的不断加强，必将继续冲击传统的大学教育体制和结构，并引发大学教育体制与结构的重大变革。

第三章 跨学科研究的发展规律及其对大学学术组织再造的启示

第一节 跨学科研究的产生、形成与发展

一、跨学科研究的发展历史

"跨学科研究（IDR）"一词作为专有词汇最早出现在 1980 年。但是,在人类社会的科学文明发展进程中,跨越不同学科界限进行的各种科学研究活动则由来已久。跨学科研究始于早期的跨学科学术和研究活动,其孕育并形成于大学综合教育的摇篮。科学发展史表明,古代早期的学者常常会在多个研究领域整合创造新知识。如古希腊哲学家和天文学家阿纳克西曼德运用了地质学、古生物学和生理学的知识去理解生命从简单到复杂形式的发展。在近代科学产生前期,欧洲的牛津大学、巴黎大学等古老学府已经开始传授综合的科学文化知识,这类综合性大学的教育在很大意义上是包含跨学科教育和研究、培养整体知识技能的实践活动。欧洲 17 世纪爆发的大科学革命时代,一批天才科学家如牛顿、胡克、哈雷、波耶尔等的惊人发现无一不是建立在跨学科研究的基础上。19 世纪法国化学家和细菌学家巴斯德作为现代跨学科研究学者的典范奠定了微生物学和免疫学的科学理论基础。到 19 世纪末期,现代科学逐渐形成,蓬勃发展的科学领域不断分化;而科学研究领域却不断发生碰撞,产生了大量崭新的学科或研究领域,如物理化学、电磁学、热力工程学等;这些研究在一定程度上打破了原有的学科界限,跨越了单学科的学术藩篱。一般认为,物理化学学科的诞生,标志着现代跨学科历史的开始。但是,这一时期还只是跨学科研究的孕育时期,真正的学科大门类之间的跨越,特别是跨越自然科学和社会科学两大领域之间的科学研究尚属凤毛麟角。

独立的、自成体系的跨学科研究活动兴起于 20 世纪 40 年代。真正意义上的、有组织规划的大规模跨学科研究活动始于第二次世界大战中的军事科研活动,其

中最著名的就是制造原子弹的"曼哈顿工程"。"曼哈顿工程"的顺利完成有赖于多种学科、多种专业的科技人员的共同协作,而不是某一个科学家的独立科研活动;这种极端复杂的现代高科技工程也绝不是哪一个个人可以独立完成的。第二次世界大战以后,进入冷战时期,美苏展开了大规模的军事竞赛,极大地推动了尖端科技领域的发展;而以空间技术为代表的尖端科学技术无一例外地都是跨学科研究活动的结果,从而使跨学科研究得以迅速发展。与此同时,伴随着经济的发展,无论是西方发达国家还是广大发展中国家都爆发了大量的社会问题,这些复杂多样的社会问题如果单从政治、经济、社会、法制、文化、教育、科技等某一个方面出发都是无法解决的,而必须加以综合的研究、规划和治理。这种综合性的、迫切需要解决的现实问题成为跨学科研究深入发展的强大外部动力,也是跨学科研究的活力所在。在外部因素的强力推动下,科学内部机制产生了明显的变化。过分专业化的垄断现象有所减弱,跨越自然学科和社会学科两大领域的跨学科研究逐步确立为独立的、自成体系的科学研究活动。科学和学科知识结构也显示了巨大的变化,跨越传统两大门类的新兴研究领域层出不穷,如生命科学、环境科学、管理科学、系统科学等。

20世纪80年代以来,跨学科研究进入了日新月异的飞速发展时期。几乎所有的科研机构、大学都开始了跨学科研究活动。各国政府也对跨学科研究极为重视,开始制定相应的发展跨学科研究的政策,并成立了大批跨学科研究的中心机构。跨学科研究已经成为大学乃至各国科学界不可缺少的环节,在一定程度上,跨学科研究成为推动世界科技进步的关键因素。今天,跨学科研究领域已不仅仅限于邻近学科之间,跨越自然科学、社会科学乃至人文科学的研究活动得以广泛开展,从而大大改变了科学和学科结构的图景。近几十年,科学和技术知识的迅速增长推动了自然科学家、工程师、社会科学家和人文科学家共同参与运用不同观点和理论解决复杂的社会及环境问题,在研究领域形成一些跨学科的"热点主题",如纳米技术、基因组学和蛋白质组学、生物信息技术、神经科学以及冲突论等,也带来了一些重大研究突破,如DNA结构的发现、核磁共振成像、曼哈顿工程、激光眼科手术、镭射、人类基因组序列、绿色革命以及载人航天飞行等。现代大学学术组织也迅速通过专业化的知识领域的交叉组合孕育出一些新的学术研究领域,如生物工程、生物地球化学、古地震学等,在传统学科之间也出现了无数的交叉学科间隙和课程。许多大学已经开始创新学术组织结构和变革学科领域,如广泛设立了跨学科实验室、研究中心、研究所、研究计划以及其他形式跨学科研究单位,这些组织成员常常是跨系、跨学科和跨学科的。

二、大学跨学科研究趋势对科学创新能力的影响

研究型大学是开展跨学科与交叉学科研究的主要阵地。通过对 2000—2005 年美国部分顶尖研究大学(包括 MIT、加州大学伯克利分校、加州理工学院等)的不同学科机构在 SCI 收录论文的统计结果发现,多学科交叉的学术论文比例普遍较高,其中理学类文章学科交叉比例平均达到 55.7%,工程类文章学科交叉比例平均达到 95.7%,如加州理工学院的化学工程系,其涉及学科交叉的文章占该机构发文总数的 99.0%。研究型大学不但研究成果学科交叉的频率高,而且学科交叉的幅度较宽、涉及的学科较多。目前,美国研究型大学的部分专业具备学科交叉背景的教师人数比例占到 50%以上,其中 MIT 机械工程系有 2/3 的教师具有交叉学科背景。这些数据充分说明,大学开展跨学科教育与跨学科研究是现代教育和科学发展的整体趋势。

研究型大学是国家知识创新体系的核心力量,也是产生交叉学科和重大原创性成果的沃土。据统计,全世界的诺贝尔科学奖有 76%的获奖者在大学,其中处于前 100 名的研究型大学获得的诺贝尔科学奖占获奖总数的 94%。对 1995—2005 百年来 172 位诺贝尔生理学和医学奖获得者以及他们的原创性成果统计发现,具有交叉学科知识背景的科学家有 76 人,占总人数的 44.2%,有 53.%的原创性科研成果涉及其他学科。张春美、郝凤霞和闫宏秀(2001)的研究指出,1901—1925 年、1926—1950 年诺贝尔自然科学奖中的交叉学科数所占比率达到了 36.2%和 35.1%;1951—1975 年、1976—2000 年诺贝尔自然科学奖中的交叉学科数所占比率达到了 42.7%和 47.4%。笔者对 1979—2009 年诺贝尔奖项的进一步分析表明(如表 3-1 所示),在 30 项诺贝尔物理学奖中,有 16 项属于交叉学科领域,比率为 53.3%,在 30 项诺贝尔化学奖中,有 20 项属于交叉学科领域,比率为 66.7%;在 30 项诺贝尔生理学奖或医学奖中,有 12 项属于交叉学科领域,比率为 40%;在 30 项诺贝尔经济学奖中,有 8 项属于交叉学科领域,比率为 26.7%。由此可见,21 世纪将是学科交叉和学科统合的世纪,大学跨学科研究已经成为获取原创性科研成果的重要途径,对大学科学创新能力的影响日益显著。

表 3-1　1979—2009 年诺贝尔奖涵盖交叉学科情况一览表

	物理学奖	化学奖	生理学或医学奖	经济学奖
获奖项数	30	30	30	30
交叉学科数	16	20	12	8
单项比率(%)	53.3%	66.7%	40%	26.7%
总体比率(%合计)	53.3%(自然科学)		46.7%(全部)	

到目前为止,"跨学科研究"这一术语的涵义仍然存在不确定性,尚未形成统一的定义。本书采用西方学者 G.伯杰在 1972 年 OECD 出版的《跨学科——大学的教学和科研问题》文集和 2004 年美国国家科学院和工程院联合发布的《促进跨学科研究》中对跨学科的解释:"跨学科是两门或两门以上不同学科之间紧密的和明显的相互作用,包括从简单的交换学术思想,直至全面交流整个学术观点、方法、程序认识和术语以及各种资料。"在此基础上,将"跨学科研究"定义为:跨学科研究是一种研究范式,这种研究范式由若干个研究团队或者研究者个体整合了来自两个或多个学科、或者一系列专业知识领域的信息、数据、技术、工具、观点、概念以及理论体系,其目的在于提升基础科学知识的理解,或者解决那些超出单一学科和研究实践领域范围的复杂问题。不同学科领域的成员将各具特色的观点、方法、程序、资料以及所用术语结合起来,相互交流,一起从事共同课题的研究。

第二节 跨学科研究发展的基本规律

跨学科研究方兴未艾,目前还属于经验性科学研究,处于 T.库恩范式理论所称的"前科学阶段"。几十年来,跨学科研究一直未形成统一的范式,关于它的理论、方法以及基础概念多限于直观经验,尚有待于理论的深化。跨学科研究的最基本特征,就是它的学科交叉性,多学科性和跨学科性,它承认事物联系的整体性与相互作用的复杂性[①]。因此,本节拟通过考察跨学科研究发展的历史轨迹,从学科发展遵循的内在逻辑和外在逻辑来探讨和总结跨学科研究发展的基本规律——跨学科研究发展的动力机制。

一、跨学科研究形成和发展的基本动力之一

跨学科研究形成和发展的基本动力来自于:自然科学和社会科学所固有的复杂性,以及在学科交叉界面可以有效探索和解决基础研究问题导致大学由单学科结构不断向多学科、跨学科结构演进,其中综合性科学理论的产生以及由此带来综合学科、横向学科的发展成为跨学科研究发展的内部驱动力和促使跨学科研究有序发展的内部序参量。跨学科研究和工作活动开展的内部驱动力包括两个因素:

(一)自然和社会所固有的复杂性

例如地球气候研究必然要考虑海洋、河流、海洋冰层、大气层、太阳辐射、交通系统、土地利用以及其他的人类实践活动,这就形成了相互关联的系统中子系统。

---

① 金吾伦主编:《跨学科研究引论》,中央编译出版社 1997 年版,第 116 页。

案例 3-1　国际"岩石圈—生物圈"计划（IGBP）

岩石圈和生物圈相互连接的真正纽带是微妙的、复杂的,而且往往是相互作用的,其研究超越了专门的科学的学科界限和有限的国家科学事业的范围。尽管这些研究具有非常明显的实际意义,但在海洋——大气相互作用、生物地理化学循环以及日地关系等基本领域的进展仍然远远慢于其他专业领域。然而,如果可以发起一项国际规模的在地球科学领域的跨学科合作计划,则可能在揭示太阳——地球系统的物理、化学和生物运作机理及生物圈中生命起源和生存的奥秘等方面跨出一大步。1983 年开始提出国际岩石圈——生物圈计划（IGBP）的概念,这一计划 20 年后成为有史以来所进行的全球最大的跨学科国际研究努力之一。该计划反映了所有的跨学科研究的主要动力,它开始于自然的复杂性、大陆块之间的相互作用、空气和水的海洋以及地球的生命形式。这种跨学科科学系统的研究是为了更好地了解地球环境及其生物系统的全球变化,在基础科研活动中需要这种"全面"的风险尝试。

IGBP 报告认为,大多数令人兴奋的科学往往产生于系统和学科的分界处,如主要生命支持因素的生物地理化学循环。鼓励这种探索是强有力的社会需求,目的是了解人类正在如何改变地球以及这种改变带来的威胁和机遇。使这一雄心成为可能的是创新技术,特别是计算机仿真与建模、空间遥感技术以及从海洋底部、冰雪、湖泊和树木的内核再现过去。在规模方面,该计划既反映了大科学,还反映了当地调查。来自 80 个国家的约 10000 名科学家和 20 多个学科参与了该计划的科学活动。他们包括农业科学家、考古学家、大气化学家、力学家、生物学家、气候学家、生态学家、经济学家、环境史学家、地理学家、地质学家、水文学家、数学家、气象学家、植物生理学家、政治学家、物理和化学海洋学家、遥感科学家和社会学家。该计划已经改变了最初所涉及的学科。主要集中于地方和小规模的学科,如生态学,现在涉及到了大型过程,并引导大规模的实验,包括原位碳富集和实验性森林砍伐。一些主要是兴趣驱动的学科,如古科学,已取得重要的社会意义。自然科学和社会科学开始相互需要和尊重对方。学科之间已经找到了的共同兴趣,例如如何将整体和部分,宏观过程和微观行为,以及全球和地方联系起来。事实上,全球变化科学呈现许多跨学科方面,连同第二代科学家超越其学科和问题驱动的常识。但最重要的是重大的科学发现。该计划已经改变了我们对自然和人类的认识。最近的一篇总结指出:地球是一个生命可以自行调节的系统;生物过程与化学和物理过程相互作用产生了行星的环境;人类活动在许多重要方面影响地球系统的运作;地球在非模拟状态下运行,同时发生在地球系统的改变的大小和频率是前所未有的;地球的动力是由关键的开始和突然变化定性的。

(二)在学科交叉界面有效探索和解决基础研究问题

大量有趣的科学问题和科学发现往往发生在科学地图中的跨越学科领域边界的相对空白领域,从而引发了大量的跨学科领域研究,甚至产生和发展了新的学科领域。如生物化学(已经成为主流学科)、认知科学(涵盖人类学、人工智能、神经科学、教育学、语言学和心理学和哲学等领域)、生物学(广泛涉及物理学和数学)以及生态经济学等。科学发展史证明,科学知识的分化过程和整合过程并不互相排斥,而是相互交织,彼此转化。在科学认识的分化与整合基础上,科学按学科和跨学科的形式发展。在单学科向多学科、跨学科的演进过程中,学科结构的内部矛盾运动不断演化发展,内在动力相互作用,从而成为学科结构更新的内激驱动力,也成为推动跨学科研究的基本动力。具体表现为:

第一,单一学科研究在日益深入地考察其研究对象的过程中,总会达到一定边界,表明本学科的研究对象客观上含有别的学科研究对象的属性和过程。一旦达到这个界限,单一学科的研究必然发现:如果不考察看来与本学科研究对象"毫不相干"的属性和现象,就再也不能进一步认识构成本学科研究对象的那些属性和现象。这种矛盾必然导致一些跨学科科学分支的建立,即边缘性交叉学科。例如:在 19 世纪末即见端倪的自然科学内部各学科间的交叉现象(见图 3-1);20 世纪出现的社会科学内部学科的交叉现象(见图 3-2)等。

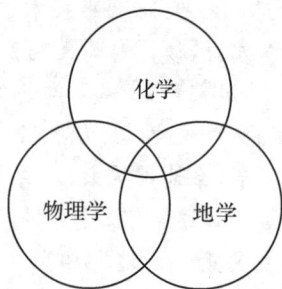

图 3-1 自然科学学科交叉   图 3-2 社会科学学科交叉

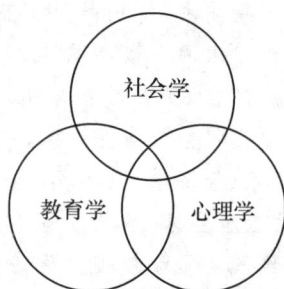

第二,由于学科研究对象(特定问题或目标)的复杂性,每一学科愈详尽地研究本身的对象,充分查明它的结构由哪些成分、联系和关系构成,必然会得出一些与别的学科研究对象共有的成分、联系和关系。而对于特定研究对象,任何单一学科都无法独立解释或认识其属性或过程,必须综合运用多种学科的理论、方法和技术,才能有效解决该问题,由此便产生了综合学科。例如,自然科学、技术科学和社会科学之间的相互交叉,形成了一些综合性很强的交叉学科(见图 3-3)。某一学科在自身独立发展的进程中,能够提出一些带有一般科学性质的观念、概念和原理,它们必然是整个科学所共有的,其本身就完全是跨学科的。第二次世界大战后出现的以系统论、信息论和控制论为代表的横断科学就是典型例子,而它们一旦与自然科学、社会科学发生交叉又会不断生成新的交叉学科(见图 3-4)。

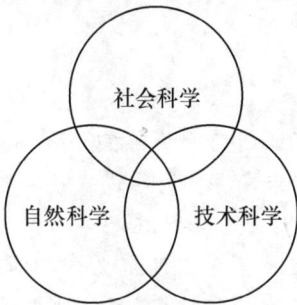

图 3-3　自然、技术和社会科学学科交叉　　图 3-4　横断科学与自然和社会科学学科交叉

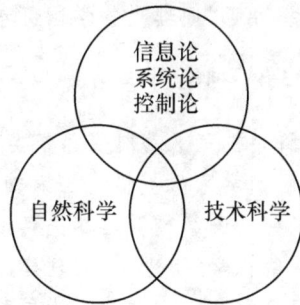

第三,某一学科作为一切科学的工具或方法,在向一切科学领域渗透的同时,又逐渐超越一般学科的层次,在更高或更深层次上总结事物(如数学、哲学,包括学科)的一般规律。这是完全意义上的跨学科,又称超学科。这些学科也不断与其他学科交叉形成新的学科(见图 3-5)。

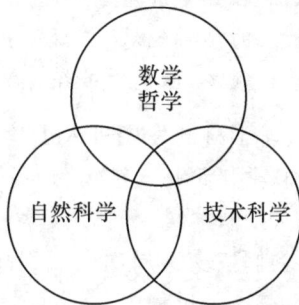

图 3-5　超学科向一切科学领域渗透

案例 3-2　地理生物学

近年来兴起的地理生物学已经发展成为一个成熟的跨学科研究领域,"地理生物学"这一术语首次出现在 1934 年,而该领域的先驱研究者 James Hutton 的地球表层研究始于两个世纪以前。微生物的发现对地理化学领域的贡献极大地影响了在环境和资源领域寻求创新方法来解决复杂问题的挑战,现存的学科如地理化学、水文地质学、海洋地理、微生物学、环境学、生物化学、生态学、分子生物学、染色体学、古生物地理学、矿物学等学科都孕育了地理生物学的产生。2000 年 12 月美国《微生物学》学刊正式将地理生物学命名为研究生物学和地理学边界领域的交叉科学研究,2001 年 5 月美国地理学会创建了地理生物学和地理微生物学分会,2002

年 *Elsevier Science* 出版了 Virtual Journal of Geobiology，Blackwell 在 2003 年出版了全新的《地理生物学》期刊，2004 年 6 月美国南加利福尼亚大学的 Wrigley 环境研究所举办了"地理生物学国际培训课程"。

案例 3-3　神经科学

神经科学被定义为神经系统与行为的跨学科实证调查活动。在 17 世纪中期，一位英国解剖学家最早描述了大脑结构，到 19 世纪末期一些大学成立了大脑研究所，系统研究大脑结构及其相关活动。近几十年，大多数从事大脑科学研究的科学家，分别从解剖学、生理学、心理学、生物化学以及其他学科角度定义自己的研究。在 20 世纪 60 年代，一些从事大脑科学研究的"关键人物"认为需要将他们的研究活动聚焦在一个独立的领域，提出将神经科学作为一门学科。于是，1960 年建立了国家大脑科学研究组织，推动世界范围内的科学资源聚焦于脑科学研究。英国脑科学研究学会建立于 1968 年，现在是神经科学学会；美国神经科学学会建立于 1969 年，作为官方组织，创建了《神经科学》学术期刊，美国神经科学学会会员也从 1970 年的 1000 人发展到 2000 年的 34000 人。在这个新学科领域中，神经科学家整合了一系列有关健康和疾病的神经系统基本问题。神经科学领域已经从一个跨学科研究领域发展成为一个独立的学科领域（广泛采用其他学科的技术与方法），今天它已经拥有了自己的子学科领域，如认知神经科学。

从 20 世纪下半叶开始，大学学科的发展进入了学科结构的系统综合时期，其典型特征是"学体动态结构"和"学科跨越式结构"。我们可以清晰勾勒出大学学科从单学科到跨学科的发展轨迹：单学科——边缘学科——综合学科——横断学科——超学科（完全跨学科），它们按交叉层次由低到高排列。这一演进过程也是跨学科研究的蓬勃发展过程。在这个过程中，一方面，科学的单学科发展为确立各门科学的跨学科关系、联系和相互作用提供了依据；另一方面，跨学科的协同作用在科学系统内不断诱发新的学科构成物，从而加速了跨学科的产生，形成了一个自组织循环模式。在现代科学体系中，学科结构是新学科产生和形成发展的基础。学科有效识别了专家群体、专业网络，以更好地理解和评价新研究，学科也是存储和转化专业知识的载体，同时提供了研究基金和职业发展结构。但是，如果单一学科是孤立的和封闭的，那么它很快就会消亡，而开放的跨学科研究学术组织结构将有助于形成新的研究领域，也为传统学科提供灵活多变和扩展领域范围的可能性。

综合科学理论对跨学科的产生乃至跨学科研究发展的影响，可以系统论的产生和发展来说明。系统论是由理论生物学家 L. V. 贝塔朗菲于 1945 年创立。系统论本身就完全是跨学科的产物，这是因为"系统思想代表了一种尝试，一种在跨学科层次上获得比特殊学科所获得的更普遍的概念所进行的科学整合的尝试"①。这种理论一旦形成,就成为促进跨学科研究发展的巨大动力,有力地推动跨学科研究的有序发展,充分体现序参量支配原理(Slaving Principle)的作用。贝塔朗菲1969年对系统论的主旨概括为:总的趋势是整合自然科学和社会科学,这种整合是以系统论为核心,它可以成为达到科学理论的重要工具,通过发展统摄具有科学世界的统一原则,这一理论使我们逼近科学统一的目的,这可以导致科学教育中极其需要的整合②。在此基础上,系统论的基本理论被广泛应用于物理学、化学、生物学和社会科学等领域,进而促进了更广泛学科领域的跨学科研究。在自组织循环圈中,以综合学科、横断学科为代表的综合科学理论的产生成为引发和推动自组织循环的序参量。根据系统自组织理论,"序参量是通过系统内各个部分的协同作用创建的;反过来它又支配各个部分的行为"③;序参量一旦形成,"通过控制一切子系统的行为,就成为主宰和推动系统自组织演化过程的力量"④。

案例 3-4　可持续能力科学与工程

可持续能力科学相对是一个年轻的跨学科研究领域,起源于20世纪60—70年代的环境运动。环境问题研究最初聚焦于废弃物管理,特别是空气、水和土壤污染。污染物处理策略主要采用"管端口"技术和其他的本地化处理技术,这种技术仅仅是减轻污染,因此需要更广泛的阻止污染、环境保护和社会政策。到1987年,联合国的Brundtland委员会提出了可持续开发概念,认为社会发展不仅仅要考虑目前的需求还要考虑满足未来的需求和发展的能力。1992年联合国召开的"环境与发展会议"明确了可持续发展能力,这个概念整合了自然科学和社会科学学科,目的是从生态学、经济学、社会学和政治学角度去推动自然和人类生活活动的可持续能力,进一步形成了跨学科系统领域,即可持续能力科学与工程。尽管该领域作为一个独立的学科领域尚未成熟,已经有一些研究者提出了"元学科"的概念和愿景,将可持续能力定义为,"设计人类和工业系统以确保人类对自然资源的合理和循环使用,这种使用不会导致生活质量的降低,或者导致未来经济机会的损失,同时也不会对社会条件、人类健康以及环境产生负面影响"。

---

① [美]E. 拉兹洛:《系统哲学讲演集》,中国社会科学出版社1991年版,第3—4页。
② [美]E. 拉兹洛:《系统哲学讲演集》,中国社会科学出版社1991年版,第3—4页。
③ [德]H·哈肯著,凌复华译:《协同学——自然成功的奥秘》,上海译文出版社2005年版,第8页。
④ 沈小峰等著:《自组织的哲学——一种新的自然观和科学观》,中共中央党校出版社1993年版,第54页。

二、跨学科研究形成和发展的基本动力之二

跨学科研究形成和发展的基本动力之二来自于：解决综合性、复杂性现实问题的需要，重大先进技术的出现推动了跨学科领域的技术应用，这种外部驱动力是跨学科研究发展的活力源泉，并成为跨学科研究蓬勃有序发展的外部控制参量。跨学科研究和工作活动开展的外部驱动力包括两个因素：

（一）解决社会复杂问题的需要

技术应用提升了人类的生活质量也产生了大量的问题，从而需要新的技术解决方案，如绿色建筑计划（全球变暖）、人工肥料（水污染和超营养作用）、核能源计划（放射性废物）以及汽车交通（高速公路死亡、城市无节制扩张和空气污染）等。可持续发展问题反映了社会需求的跨学科建设思维。

案例 3-5　麻省理工学院辐射实验室与微波雷达的发展

20 世纪 40 年代，雷达技术（无线电探测和测距）的高速发展在很大程度上是由于第二次世界大战的军事需求，科学界人士的战争中也逐渐意识到雷达技术的科学价值。在美国，扩展微波雷达技术功能的任务主要由麻省理工学院的辐射实验室来负责，该实验室配备了许多无军职工作人员和来自不同学科的专业科学家，他们的项目工作主要包括电子物理、微波物理、物质的电磁特性和微波通信规律研究等。在第二次世界大战中，麻省理工学院的辐射实验室负责了几乎美军一半的雷达部署任务，其雇佣的员工人数一度接近 4000 人，这些员工分布在不同地点的政府部门、企业和大学实验室工作。原本是为英—美联军服务的微波雷达技术计划，在解决了雷达应用试验与工程技术问题的同时，逐渐发展成为致力于微波技术原理的中心实验室。1945 年，第二次世界大战结束后，辐射实验室被正式关闭。但是，在 1946 年，麻省理工学院的基础研究学部将其合并到 MIT 新成立的电子研究实验室中，该实验室继续从事电子物理学和微波物理学的研究工作。这是一个跨学科技术应用的典范，新技术被应用于现代物理学和工程学研究，从而产生了微波通信工程的新学术领域。

（二）重大先进技术的出现推动了跨学科领域的技术应用

如显微镜的发明是为了观察动物和植物细胞，进而发现了细菌生物，从而产生了现代分子生物学；互联网技术的产生仅仅 10 余年，已经带来信息、数据等跨越时间和空间的转移，从而使分布式团队、虚拟团队合作等成为现实和可能。

案例 3-6　采用 X-射线晶体测定蛋白质结构

在药物对抗疾病方面，蛋白质结构的知识是非常重要的。近年来，测定蛋白质

结构的新技术的发展与计算机技术的迅速进步相结合,使蛋白质结构测定跟上了生物医学科学发展的步伐。在 X 射线结晶学的案例中,它的发展和在蛋白质结构测定中的广泛使用——(蛋白质结构测定)横跨一个世纪——开始于没有任何生物医学价值的知识。X 射线是在 1895 年首次被发现的,而在晶体中用电子进行 X 射线晶体衍射是在 1912 年首次展示的。在 20 世纪 30 年代,X 射线以生物分子晶体为目标,但直到 1960 年佩鲁茨和肯德鲁才确定了血红蛋白和肌红蛋白的分子结构,X 射线结晶学在蛋白质科学中的价值才被认识到。在 20 世纪 70 年代,同步辐射被认为是蛋白质晶体 X 射线的来源而被利用,到 20 世纪 90 年代利用这一技术测定蛋白质结构的现象才大量增加。发展这一技术的研究是一个跨学科的努力。它的长期性提醒那些推进跨学科研究的人们,与它们最初设想的不同,对基础研究的支持,回报往往并非即时可见。

案例 3-7　工具驱动的跨学科研究——阿贡国家实验室的高级光子源(APS)

阿贡国家实验室的高级光子源(APS)是国家同步辐射光源研究设施。1995 年被委托,APS 是由美国能源部、科学办公室和基础能源科学办公室资助的。国际研究协会的成员使用来自高级光源子中的高亮度 X 射线光束进行基础和应用研究,这些基础和应用研究的学科有材料科学、生物学、物理学、化学、环境、地球物理、行星科学和创新的 X 射线仪。研究人员作为协作接纳团队(CATs)的成员或作为独立的研究者来访问 APS。CATs 是由大量的具有共同研究目标的研究者组成的,负责设计、施工、资金以及设备的光束控制。CATs 必须为独立研究者或小组拨出 25 % 的 X 射线光束时间。APS 计划容纳 32 个 CATs,其中超过 20 个是在预算范围内的。利用 APS 资源的跨学科工业——大学合作项目是密歇根霍华德大学——AT&T 贝尔实验室(MHATT)CAT,成立于 1989 年。密歇根霍华德大学——AT&T 贝尔实验室(MHATT)CAT 研究范围从基本的蛋白质动力学到固体激光器行为。MHATT-CAT 董事之一、密歇根大学物理学教授罗伊克拉克认为,“项目非常重要的部分是建立高速通信链路以连接参与机构和 APS 的设施,使我们的学生,特别是大学生研究者,能够在参加他们各自校园课程的同时积极地参与研究。”其他的 CATs 是通过大学或工业团队运行的。为了加强各团队内部和它们之间的沟通交流,APS 的网站提供 CATs 的链接,并提供内部 CATs 沟通的服务器。通过公告摘要和在其主页上提及的方式,APS 的网站还为设备使用者列出了兴趣会议和最近研究的焦点。

解决综合性现实问题的需要,对跨学科研究的巨大推动作用,我们依然可以从系统科学的自组织理论出发来予以阐释。贝塔朗菲对系统的定义是:“处于一定的相互关系中并与环境发生关系的各组成部分（要素）的总体（集）"。[①]

我们可以把跨学科研究本身看作一个系统，这个系统满足下列条件：开放性（跨学科研究系统与外界环境有信息交换）；远离平衡态（跨学科研究的发展初始状态是非平衡的、无序的）；非线性相互作用（跨学科研究系统内部，并不存在简单的线性对应关系，而是非线性相互作用）；存在正反馈作用（在跨学科研究发展过程中，总是存在某些关键因素导致跨学科作用不断加强）。这几个条件也就是自组织系统产生、形成和发展所必需的条件。正是以此为基础，我们在前文以自组织循环模式解释了跨学科研究发展的内在逻辑。那么，作为跨学科研究发展的外部动力——解决综合性现实问题的需要，如何以自组织理论来阐释呢？

关于系统自组织现象有两种基本的研究方法：其一是内部考察法，即以系统内部诸要素的质与量的变化说明自组织；其二是外部考察法，即以控制参量的变化来说明自组织。在现实的系统进化中，上述两种方式相互交织而规定着整个自组织过程。[②] 前一种方式，可以解释跨学科研究发展的内在逻辑；而后一种方式则是对跨学科研究发展外部动力的有力阐释。下面我们具体解释一下：开放系统与孤立系统的主要区别在于，开放系统与外界之间有元熵交换，并且受到熵流方向的影响。在开放条件下，系统的熵变化 dS 由熵产生 diS 和熵交换 deS 两部分组成，即：dS＝diS＋deS，其中 dS 为熵变化量，diS 为熵产生，deS 为熵流（熵交换）。根据熵增原理，系统内部变化后熵增加，意味着系统走向无序；熵减少，意味着系统走向有序。

因此在开放系统中，若要使系统向有序发展，即 dS＜0（熵变化量为负值，则熵 S 减少），必须保证 deS≠0（存在熵交换），且｜deS｜＞diS；由于在开放条件下，热力学第二定律要求 diS≥0，因此推出 deS＜0，即要求熵流为负值。也就是说，必须从外部环境中输入负熵流。而通过控制参量的变化引起自组织，就意味着通过外部环境对系统的作用，向系统输入负熵流，这也就是跨学科研究发展的外部动力所起到的作用。正是解决综合性现实问题的需要，作为外部环境的控制参量使跨学科研究系统通过一系列自然选择的过程，把那种与当前环境不相适应的行为抛弃，从而使系统有序地发展。这是一种外部系统引发和控制的自组织控制行为，也就是一种自适应、自学习的系统。

[①] 贝塔朗菲著：《普通系统论的历史和现状》，见《科学译文集》，上海译文出版社 1987 年版，第 315 页。

[②] 邹珊刚等编著：《系统科学》，上海人民出版社 1987 年版，第 182—184 页。

第三节　跨学科研究的一般组织模式

跨学科研究是一种独特的协作研究方式,一般由代表不同学科或部门的研究人员聚集在一起,进行一个共同课题的研究,他们的工作汇集成一个紧密结合的整体;在此基础上,他们形成一个跨学科研究组织。跨学科研究组织为促进科学合作和技术服务提供各种机会,为复杂的科学技术和社会经济问题提供解决方案,因而受到各国的广泛重视。现代跨学科研究的组织形式多种多样,大体上可以归纳为以下三种模式①:

一、通过学会、协会等学术团体所进行的跨学科研究

20 世纪 70 年代以来,国际上竞相成立一些跨学科性的学术团体,它们对促进跨学科研究的发展产生了重要影响。其中较为著名的有 1972 年由欧洲 14 个国家和 17 个科研组织组成的"国际高等研究所联合会";1975 年在美国成立的国际"4S 学会"(科学的社会学研究学会),专门研究横跨自然科学和社会科学之间的交叉性问题。这类组织可以称之为跨学科研究的"无形学院"。

二、通过社会上独立或相对独立的研究所进行的跨学科研究

这里指的是大学以外社会上建立的各类跨学科性研究所。著名的有日本野村综合研究所,成立于 1965 年,该所采用自然科学与社会科学相结合的跨学科研究方法,研究范围十分广泛;又如成立于 1948 年的美国兰德公司,其研究所有专职研究人员 500 多人,包括各个学科的专家和学者,研究范围涉及政治、经济、军事、外交、科技、社会等各个领域,成为世界各国跨学科性研究所的楷模。这类组织属于跨学科研究的专门机构。

三、通过各大学中的跨学科研究机构或项目进行的跨学科研究

大学跨学科研究机构是当今跨学科研究最主要的组织形式,这是因为大学中各种科技人才汇集,实验设施、设备比较完善,一旦突破传统学科的框框,就成为开展跨学科研究和教育活动的最佳场所。大学跨学科研究机构或组织一般有下列几种形式:

---

① 刘仲林主编:《跨学科导论》,浙江教育出版社 1990 年版,第 126—132 页。

（一）跨学科计划

跨学科计划是根据特定的研究任务而设立，但它一般不具有组织实体。跨学科计划分属于几个学院或系，其特点是可以集中若干学科领域的资源优势，进行大跨度的合作。在特定的研究任务完成后，有两种发展可能性：一是计划没有必要进行下去，自行终止；另一是有进一步发展的需要，计划延长或转变为跨系的组织实体。

（二）跨学科课题组

跨学科课题组是一种规模较小的跨学科组织形式，它非组织实体，但与跨学科计划有所区别，一般挂靠于某学院或由某学院主管。它具有很大的灵活性和实用性，经常受到公司或企业赞助，并吸收企业或社会科研人员参加。

（三）跨系实验室

跨系实验室是一个稳定而又相对独立的组织实体，它常常是根据国家重大科研任务建立的，一般不挂靠任何学院或系，其成员主要来自各个院系的兼职教师或研究生，也有少量大学生。

（四）跨系（学科）研究中心

跨系（学科）研究中心是大学中最重要的跨学科组织，在研究型大学中的作用尤为突出。它是与多种学科密切相关的跨系组织，积极鼓励开展新兴的跨学科研究项目，是以科学研究为主而兼顾教学的单位，一般以指导研究生为主。

大学跨系（学科）研究中心又分为三种：一种是人力、财力、物力、领导和管理都来自大学本身，即独办的研究中心，它常常是学校的教学实践基地或产、学、研实体；一种是与校外单位共同创办，多数是与工商界联办，即联办的研究中心，它往往成为大企业的研发基地或校企联合实体；另一种是国家部门重点扶持或资助学校的研究中心，它一般是国家政府部门资助的重大综合性应用研究课题，由高水平大学申请，国家相关部门进行评审，其中最具代表的就是国家工程研究中心（ERC）。

除了上述四种形式，各个国家的大学常常根据自己的实际情况创设各种类型的跨学科教育或研究组织，如跨学科研究组、跨学科研究协会、流动型教育和研究系统等诸多形式。

第四节 跨学科研究的发展规律对大学学术组织再造的启示

学术组织是基于学科的组织，大学学术组织更是如此。正如伯顿·R·克拉克所论述,"高等教育必须以学科为中心,但它同时必须聚集于事业单位(组织)。"①因此,在传统的大学组织体系中,学院或学部、学系、讲座或研究所等既是学科的一部分,又是大学学术组织的基本组成单位。显而易见,它们都是建立在单学科基础之上的学术组织。当以跨学科研究为核心特征的学科整合(the discipline of integration)趋势在大学中勃兴之时,原有的单学科基础开始动摇。与此同时,跨学科教育和研究的出现,促进了大学功能的发展,即学术整合(the scholarship of integration)功能的产生。组织功能的发展,必然要求组织结构的相应变革。而基于单学科的传统大学学术组织形式已不能适应大学组织功能发展的需要,这就要求建立一种全新的基于跨学科的大学学术组织。那么,如何构建基于跨学科的新型大学学术组织,以适应学术组织创新的需要呢?通过对跨学科研究发展基本规律的探讨和分析,我们可以得到几点有益于大学学术组织再造的启示:

第一,综合科学理论的产生成为跨学科研究发展的直接推动力和促使跨学科研究有序发展的内部序参量,因此应该在大学中建立基于综合科学理论的跨学科教育和研究组织。

以往我们的大学教育和研究都是从单一学科和专业出发,逐渐向本学科的不同领域扩展,这种模式在一定程度上有利于在本学科领域形成突破和发展。但是,由于最初就是单学科思维,缺乏系统的思维基础和训练,因此一旦遇到学科交叉的边缘问题就难以解决;同时,单学科思维限制了发散(创造性)思维的产生,从而无法利用系统思想和其他学科的最新发展来推进本学科的发展。而一旦建立基于综合科学理论的跨学科教育和研究组织,从一开始就可以进行系统知识的传授和思维训练,以此作为知识和思维基础再向某一专门学科领域发展,就会对许多带有交叉性的科学和社会问题形成较为完整的认识,进而提出有效的解决方案。众多具有多学科背景知识的科学家在深入钻研某一专门学科领域后,往往会做出突出的成就,就是说明跨学科教育和研究作用的有力例证。

第二,跨学科研究发展的外部动力是解决综合性现实问题的需要,而现实问题需要背后的实质是价值需要,也就是社会进步和经济发展的需要。因此,在大学学术组织再造过程中,应当充分考虑大学与社会的关系,重视政府决策和市场机制对大学的要求和影响。

大学职能的发展在很大程度上是适应社会、经济发展的结果,大学学术组织的变革也是如此。按照自组织理论,社会进步和经济发展的需要可以看作大学组织系统和跨学科研究系统发展的控制参量,这种控制参量的作用就是从社会中输入

---

① [美]伯顿·R·克拉克著:《高等教育系统——学术组织的跨国研究》,杭州大学出版社1994年版,第36页。

外部信息,输入社会的人力、资金和技术支持,为建立基于跨学科的新型大学学术组织提供服务性和限制性的外部环境。这实际体现了高等教育的发展必须遵循教育外部规律的基本原理。

第三,在大学学术组织再造过程中,应当从内部和外部创造有利于跨学科研究发展的自组织环境,并且应当保持硬(直接)控制和软(间接)控制的平衡。

建立基于跨学科的新型大学学术组织,最终目的是要建立有利于跨学科教育和研究发展的运行机制,进而促进学术创新和知识创新。因此,应当将跨学科大学学术组织建设成为一个自适应、自学习系统,使其自发地适应内部序参量(综合科学理论)和外部控制参量(社会进步和经济发展的需要)的作用机制。这就要求建立"严密而灵活多样的组织体系",一方面,在宏观层次上,有明确的方向性和导向性;另一方面,在微观层次和操作层面上,应当给科研和教学人员以充分的自主权,并建立有效的激励机制。

第四章　美国高校跨学科研究引发的大学学术组织变革

　　自 20 世纪以来,美国大学的跨学科学术机构处于持续发展之中。但是,许多大学在行政和组织结构上并没有很多公开的资料和数据可以反映其支持跨学科教育和研究工作。根据对斯坦福大学、约翰·霍普金斯大学、纽约大学和马里兰大学等知名大学学系数量的变化统计,1900—2000 年,这些大学学系的数量从平均 20 个左右上升到 50－110 个。1900—1985 年,美国国家级的专业学术团体数量从 82 个上升到 367 个。从表面上看,学系数量和专业学术团体的增加表明科学和学科进一步细分的专业化趋势,但是实际上诸如生物物理学、生物化学、社会学、神经科学以及光子学等学科的出现,恰恰反映了以前截然不同的学科领域知识的整合。因此,跨学科研究和跨学科学术组织的产生和发展并不是简单的线性上升趋势,而是非线性的自组织发生和发展的过程。就整体而言,美国大学跨学科学术组织模式的典型特征是自由创新模式,即各个大学根据自己的学科特色和学科布局,可以形成校级或院系级的正式跨学科学术组织,也可以是大学学术工作者根据自己研究兴趣的自由组合形成的非正式跨学科学术组织。

　　在美国研究型大学内部一般有四类科研机构:①教学与科研相结合的各院系实验室;②独立科研机构;③政府在大学中设立的包括国家实验室在内的各种研究中心;④工业界与大学的合作研究机构。这四种不同结构、不同性质的研究机构在不同领域和范围发挥着各自独特的作用。随着世界科学技术的飞速发展,新兴学科不断涌现,前沿性研究和跨学科交叉研究逐渐成为全球科技新突破的共同方向,由于传统的院系实验室难以完全超越学科界限来组织研究,同时一些实验设备日益复杂和昂贵,研究人员和操作人员数量逐渐增多,因此,大学跨学科学术科研机构日益增多,目前这类学术组织在美国大学科研机构中已经占据了较大的份额。

第一节 斯坦福大学的跨学科学术组织

创建于 1925 年的 Stanford GSB 是一所志向远大的学校,从其口号"变革生活,变革组织,变革世界(Change lives,Change organizations,Change the world)"就可以见其雄心壮志。该校共设 7 个学院:人文与科学、地球科学、工程学、医学、法律、商业、教育。学生中,大学生与研究生几乎各占一半。其中地球科学、工程学、人文与科学同时提供本科和研究生课程,而医学、法律、商业、教育只提供研究生课程。学校开设了 52 个专业的学士学位课程,58 个硕士研究生学位课程和 51个博士研究生学位课程。斯坦福大学的各种研究机构共包括 122 个研究单位,分别是 70 个中心(center)、16 个实验室(Lab)、10 个研究所(Institute),以及各种项目(Project)、论坛(Forum)、计划(Program)、研究组(Group)等其他研究机构25 个。

一、斯坦福大学跨学科学术组织现状

根据 Stanford GSB 2008—2009 年提供的最新资料,斯坦福大学目前的跨系、跨学科学术组织共有 66 个。基本情况如下:

(一)独立科研机构(12 个)

爱德华兹实验室　　　斯坦福 Bio-X 研究中心　　斯坦福国际问题研究中心

海森物理实验室　　　斯坦福经济政策研究所　　斯坦福社会定量研究所

斯坦福人文研究中心　　　　斯坦福教学改革研究中心

斯坦福语言和信息研究中心　　杰贝里高级材料研究实验室

全球气候与能源项目　　　　卡福里粒子天体物理学与宇宙论研究所

(二)跨学科研究所和研究中心(7 个)

计算与数学工程研究所(ICME)　　非洲研究中心　　　　东亚研究中心

拉丁美洲研究中心与计划　　　　托布犹太人研究中心　　考古中心

俄罗斯、东欧和欧亚研究中心

(三)跨学科研究计划(25 个)

Emmett 环境和资源跨学科计划　　亚裔美国人研究计划　　天文学计划

地球、能源与环境科学计划　　　　癌症生物学项目　　　　物理计划

科学、技术与社会计划　　　　　　社会伦理计划　　　　　人机交互计划

女性主义研究计划　　　　　　　　数学与计算科学计划

公共管理计划阿巴斯计划中的伊斯兰研究　　神经科学计划

公共政策计划学习、设计与科技计划　　　　中世纪研究计划

城市研究计划现代思想与文学计划　　　　　地球系统计划

符号系统计划　　　　　　　　　　　　　　初级保健协理计划

分子和遗传医学计划　　　　　　　　　　　社会科学、政策和教育实践

斯坦福大学科技风险投资计划(STVP)

(四)跨学科课题组(8 个)

非洲和非裔美国人研究	人种及种族的比较研究	美国研究
人文科学的跨学科研究	Chicana /o 研究	留学生英语
美洲土著人研究	国际政策研究	

(五)其他(14 个)

创新制造联盟(AIM)	生物医学信息	创意写作
设计部—机械工程	金融数学	舞蹈组
科学技术的历史和哲学	人类生物学	产品设计
信息(斯坦福大学医学院)	图像系统工程	国际关系
肺和重病医学	结构自由教育	

二、斯坦福大学跨学科学术组织的运作机制

斯坦福大学最典型的跨学科学术组织是大学独立科研机构(Independent Laboratory，Center，or Institute)，它们是由来自多个学院的教师所组成的正式的研究和学术常规组织机构，并直接向教务长领导下的负责研究的副教务长汇报的科研机构，它们由学校直接管理，虽与校内其他机构有一定的合作和联系，但不受学院学系的行政和学术文化的控制和束缚。独立科研机构主要是由独立实验室、独立研究中心以及独立研究所三种形式组成，它们不隶属于任何教学院系，对分管科研和研究生政策的院长兼副教务长负责。该院长兼副教务长作为独立研究机构的实际管理人，其主要职责有：检查和监督这类独立研究机构研究项目的活动范围、方向以及活动所需的资源；审批建立独立研究机构；审核研究机构的组织结构，适时纠正其有失合理的地方；负责处理研究机构的运行经费预算、对获取赠款机会的需求、资助和发起科研项目的提议、仪器设备的改善和人事决策等事务。该副教务长担当 12 个独立科研机构的外部管理任务，各个研究机构的主任都对他负责，向他汇报。就其外部地位而言，他与斯坦福大学其他 7 个学院的院长同级，受教务长领导，向教务长寻求科学研究和研究生奖学金两方面的支持。

(一)独立研究机构的内部管理实行主任负责制

大多数实验室都由一位主任负责管理，部分机构由两个主任共同管理，还有少量机构设有代理主任辅助主任的工作。研究机构下设中心、项目的主任或负责人

直接对研究机构的主任负责。具体研究项目或研究小组内成员相互间有所重复，具有一定的开放性，他们在不同项目中适当流动，发挥各自的学科背景优势，实现人力资源的最大效用。各研究机构都有为数不多，但责任齐全的行政管理人员，分别负责研究机构的人事、财务、技术、通讯、公共事务等方面的日常工作。

（二）内部设有不同职能的委员会

在主任担任负责人的基础上，独立机构内部设有委员会。以 SIEPR 中心为例，顾问部（Advisory Board）是研究中心的董事会，是其最高管理机构，全权负责 SIEPR 的各项工作，主要掌管 SIEPR 的学术和财政权利，并帮助各研究项目做宣传。目前共有成员 42 人，大多为研究中心提供资金的基金会主席、公司高层、其他著名大学或研究机构的学者、科学家等。顾问部通常下设若干附属委员会：①执行委员会，评估该研究机构的目标和长期计划；②发展委员会，帮助科研项目的实施和具体要求的落实；③通讯委员会，发挥研究机构的通讯和公共关系功能；④计划委员会，帮助建立标准，联系发表会、讨论会的演讲者等；⑤筹划指导委员会（Steering Committee），该委员会主要由来自本校的教师组成，成员大多数是那些经常被邀请去做联邦级或是州级政策咨询建议的经济学者，他们利用多样化的观点为主任提建议，帮助主任决策。此外，该机构的高级学术会员参与中心的管理。

（三）独立科研机构 Bio-X 研究中心的运作模式

1998 年 5 月，一群来自不同领域的斯坦福教授产生了一个构想，希望结合不同专业人才的研究，以应对生物科学本身复杂而需要多方位知识的本质，进而在生物医学、生物物理、生物工程等方面能有所突破，于是跨学院、跨科系的大规模独立科研机构应运而生，并定名为 Bio-X。Bio-X 的理想在于促进不同领域研究人员的交流，紧密连结医学院、工学院、生物科学、化工、化学、物理、电机、计算机等科系的教授及学生，有计划地推动跨系所的合作。创立人之一史普帝教授（Dr. Spudich）表示，Bio-X 之所以如此命名，就是因为找不到一个名词可以代表这个理念，与其说它是一个计划，不如说它是一种哲学。华裔物理学家、诺贝尔奖物理奖得主朱棣文（Steve Chu）也是 Bio-X 的重要发起核心成员，其研究集中在生物物理中最尖端的课题，例如单一生物巨分子的性质、粒腺体中的转译过程、神经末梢囊胞的融合等等。主要支持关于生物学和医学的跨学科研究，体现工程、计算机科学、物理、化学和其他领域的思想和方法，也用于解决生物科学中的重要挑战。反过来，生物科学给其他领域创造了新的机会。新的合作团队拥有的信息加速了意义重大的发现和发明。当其他学校刚开始讨论怎样实施跨学科生命科学项目的时候，Bio-X 计划已经促进了 200 多个科研合作关系，颁发了多次研究助学金和奖学金。

（1）克拉克中心（Clark center）的设计

Bio-X 计划在 1999 年有了重大的进展。前斯坦福大学电机系教授吉姆克拉克(Jim Clark),也是 Netscape Communications(美国网景公司)、Silicon Graphics(美国视算计算机 SGI)的创始人,在与斯坦福大学校长汉那希(John Hennessy)教授一席长谈之后,同意捐出一亿五千万美元给斯坦福大学,在校园内建造克拉克生物医疗工程与科学中心,用于尖端生物科技研究,该项目已于 2003 年夏季完工。在 2000 年初,另有一笔匿名人士的捐款六千万美元给 Bio-X 计划,使该计划经费扩增到两亿一千万美元。Clark 研究中心的设计蕴含着一个重要的理念,即让来自不同科系、不同领域的科学家及研究人员,能够在一个自由轻松的环境当中随时不期而遇、进而展开跨越各专业的对话。该中心内可容纳大约 400 位研究人员,包括 50 位教授,主要的设施涵盖了电子显微镜、液相层析仪、核磁共振影像设备及大量平行运算计算机以应付生物细部显像、生物信息处理。除此之外,还有一间特殊设计的多媒体影音室天花板、地板、四壁全是平面显示器,可以让教学人员仿佛置身于真实细胞、动脉或生物组织当中。

(2)Bio-X 研究中心的跨学科课程

Bio-X 计划中包括各类前沿交叉的跨学科课程与教学计划。具体课程目录与教学内容如下:

生活学科的多模态分子成像	人类基因组的计算循环	运动解剖
再生医学的生物材料	生物设计课程	蛋白质工程
生物信息学资源研讨会	计算基因组学	Bio-X 前沿
生物工程/生物设计研讨会	计算分子生物学	

①Bio-X 前沿:该课程旨在为专家和非专家介绍尖端研究,涉及生物科学和生物技术的跨学科方法。每季度三次研讨会,介绍大量与重要问题的跨学科方法有关的科学和技术主题,这些重要问题涉及生物工程、医学、物理、化学和生物科学。来自斯坦福和全世界的领导研究人员,介绍了广泛跨越主要学科的最新突破和努力。

②人类基因组的计算循环:该课程将从生物信息学角度研究基因,涵盖我们对生物了解的进展,这些了解来自最近人类和大量相关生物的测序结果。课程包括:基因组测序:技术,组装,个性化的排序功能景观:基因,管理模块,重复,RNA 基因,表观遗传;基因组进化:进化过程,比较基因组学,ultraconservation,exaptation。只要时间允许,还会覆盖人口遗传学和个性化的基因组学,古代的 DNA,基因组研究或其他当前主题。

③运动解剖:该跨学科课程使那些对人类活动有兴趣的学生更好地了解肌肉骨骼功能和病理。通过联合医疗、工程、艺术的观点,项目使学生探索我们怎么活动的各个方面。课程将包括骨骼解剖、病理生理学矫形、神经肌肉状况、人类形态和功能的进化观点和人类活动在艺术上的表现等。

④生物设计课程：生物设计提供创新的动手的课程，给学生提供医疗设备创新的一手经验，包括生物设计创新、生物工程部门研究讨论会等。

⑤计算分子生物学：分子生物计算（Biochem 218）是该领域的实践、动手方法。对于那些期望了解关于基因组、序列和蛋白质的表现和分析的主要问题的那些分子生物学家和计算机科学家来说，很推荐这个课程。该课程将批判性描述目前多种方法，并对其优点和缺点进行讨论。同时，还要运用描述的工具做实践任务。

⑥计算基因组学：计算基因组学教学主题包括基因组序列组合、基因组数据库，比较基因组学，基因的发现、基因表现分析（包括基因表现聚类、转录因子结合点的发现、代谢途径的发现、功能基因组学、基因和基因组本体、运用单核苷酸多态性和基因表现的医疗诊断）。同时，还包括通过后生和端口转录机制来进行基因调控。该课程将以最近文献中的文章为基础，并强调实践动手以运用相关方法。

⑦生活学科的多模态分子成像：分子成像项目作为跨学科项目，由医学院的院长（Dr. Philip Pizzo）于2003年建立，并让许多科学家和物理学家一起参与。为了能研究完整的生物系统，发展和运用最先进的成像技术、开发分子成像化验，这些科学家和物理学家对此很有兴趣。该项目由 Dr. Sanjiv Sam Gambhir 领导，吸引了大范围学生的兴趣，包括分子药理学、细胞/分子生物学、电气工程和生物工程。

（3）Bio-X 研究中心的学术组织机制

Bio-X 计划的各类事务由几个相关委员会决定，委员会成员由来自校内不同学科的专家组成。

①Bio-X 执行委员会（6 人）：成员有物理学家朱棣文和另 3 位包括神经学教授 Billimobley、化学工程学教授 channing Robertson、生物化学教授 Jim spudich，以及一位行政主任和一位项目主管。

②Bio-X 顾问委员会（4 人）：由机械工程应用物理学、生物科学、儿科、微生物及免疫学 4 个学科专家组成。

③Bio-X 教育委员会（10 人）：成员来自生物科学、机械工程、化学工程、计算机科学、生物化学、外科学 6 个学科。

④Bio-X 核心设备委员会（11 人）：由来自结构生物学、发育生物学、病理学、化学、机械工程、化学工程、计算机科学、生物科学、化学化工 9 个学科的专家和一位主管科研的院长组成。

⑤Bio-X 设计委员会（15 人）：成员来自神经生物学、医学、外科学、化学工程、计算机科学、生物科学、发育生物学、病理学、生物化学、工程学等 12 个学科。

⑥Bio-X 交叉学科启动委员会（14 人）：成员来自儿科、神经生物学、机械工程、化学工程、放射学、神经学、医学、化学、计算机科学、生物科学、发育生物学、生物化学、工程学等 13 个学科。

（4）跨学科倡议项目（IIP）和项目资金

Bio-X 项目的主要目标就是加强计算机科学与技术、工程学、人文科学基础、地球科学和医学院中与生物工程、生物科学、生物医学有关的跨学科项目。鉴于此目标，Bio-X 执行委员会管理大量来自工程学院、人文科学院、医学院的教师，并建立有效机制来支持研究本科及研究生教育、创新倡议中与生物有关的跨学科项目。到目前为止，跨学科倡议项目已经进行了四轮，第一轮在 2000 年颁发，第二年在 2002 年颁发，第三轮在 2006 年颁发，第四轮在 2008 年颁发。

①Provostial chairs：500 万美元。由教务长酌情颁发，用于帮助跨学科倡议中重要的专家。500 万资金资助两个生物科学 provostial chair，每个至少能获得 250 万美元。

②人类健康的跨学科研究生：5 万美元或更多。捐赠资金至少资助 30 个研究生，每人至少能获得 5 万美元，总计超过 100 万美元。

③创意支持资金（用于支持世界顶级项目）：规模不定。跨学科倡议项目（IIP），将捐款颁发给创新、合作项目，这些项目由生物工程、生物医学和生物科学领域的科学家领导。Bio-X 风险投资，新型的竞争性赠款，和 IIP 相似，用于支持更大的以团队为基础的研究倡议。用于支持 Bio-X 教育任务，如以跨学科的生物科学为主题的专题讨论会、课程。为教师开发技术核心的资金，包括影像计算和制造。

（5）Bio-X 中心的研究主题和核心公共设备

2000 年 2 月，Bio-X 核心设施委员会招聘了许多人员用于支持由詹姆士·克拉克资助的 700 万美元的项目。2000 年 5 月已经颁发给 17 个申请者。在 Bio-X 跨学科精神指导下，这些资金颁发给了来自心理学、化学、物理、机械工程和遗传学的教师和工作人员，研究主题如表 4-1 所示。Bio-X 核心设施委员会要求中心研究人员必须共享核心公共设备。

表 4-1　Bio-X 中心的研究主题

研究主题	研究内容	参加人数
生物计算	生物力学模拟、蛋白质折叠、基因组学/信息学、生物机器人、系统生物学	87
生物设计	生物材料、微机电系统、生物传感器、设备设计、医疗器械、微创技术、建模/仿真、机器人技术、治疗性技术	67
生物物理学	生物汽车、机械和结构蛋白、高分子动力学、神经结构和功能、信号处理	73
脑与行为	神经系统、视觉/试听/感知、信号处理、通道和受体、神经发育、仿真与建模、神经假肢	65
化学生物学	酶机、小分子激动剂/拮抗剂、蛋白质的稳定性和结构、药物发现	86

Bio-X 中心的核心公共设备名单如下：

生物膜实验室	生物信息学设施	细胞科学成像设备
认知神经科学	电子显微镜	荧光激活细胞排序
磁共振设备	质谱	芯片设备
并行计算机集群	产品实现实验室	转基因动物设施
同步辐射光束线	超级计算机	斯坦福大学活体成像创新中心
组织银行		

第二节　麻省理工学院的跨学科学术组织

麻省理工学院（MIT）是美国一所著名的私立研究型大学，创建于 1865 年，至今已有近 140 年的历史了。在第二次世界大战期间，MIT 以其出色的军事应用技术研究而闻名于世，并由此确立了在美国大学中的学术地位；第二次世界大战以后，MIT 更是因其严格的学术研究和教育，激励科学发现和鼓励创新的学术机制而成功跨入世界一流大学的行列。正如 MIT 的大学使命宣言中所阐述，"MIT 致力于在科学、技术以及其他学术领域方面的知识开拓和培育学生，为 21 世纪的美国和世界提供最好的服务。"今天，MIT 拥有 900 多名教职员工，近 10000 名本科生和研究生。它的大学托管理事会由 75 名来自高等教育、工商界、科学、工程以及其他专门领域的精英人士组成。

一、麻省理工学院的跨学科学术组织现状

MIT 的学术组织基本上由两部分组成，一类是基于学科设置的传统学术组织，由建筑与规划、人文、艺术与社会科学、工学、理学和管理 5 个专业学院（school）及一个独立学院（college）——怀特克健康科学与技术学院组成，下设 27 个可授予学位的学系（department）、计划（program）、学部（division）；另一类是跨越传统学科界限进行教育和研究的机构，由大量的跨系、跨学科的计划、实验室和研究中心组成。今天，在 MIT 已经形成一种趋势：越来越多的不同学术领域的教师和学生一起从事教学科研工作，他们跨越传统学系和学院的界限建立了各种各样的跨学科中心、实验室以及跨学科计划或课题组等跨学科组织，其中一些跨学科组织提供学位计划或辅修学位计划。根据 MIT Bulletin 2008—2009 年提供的最新资料，MIT 目前的跨系、跨学科学术组织共有 53 个。基本情况如下：

（一）跨学科研究中心（23 个）

高级视觉研究中心	考古资料中心	生物医学工程中心

生物医学创新中心	集体智能中心	计算研究和管理科学中心
计算机教育倡议中心	国际研究中心	能源与环境政策研究中心
环境健康科学中心	房地产中心	材料科学与工程中心
MIT 的创业中心	运输和物流中心	运营研究中心
临床研究中心	材料加工中心	Legatum 发展和创业中心
政策与产业发展中心	全球变化科学中心	Deshpande 技术创新中心
MIT 的数字商业中心技术	等离子体科学和融合中心	

（二）跨学科实验室（12 个）

Francis Bitter 磁体实验室	金融工程实验室	核科学实验室
制造和生产力实验室	信息与决策系统实验室	林肯实验室
微系统技术实验室	核反应堆实验室	媒体实验室
计算机科学和人工智能实验室	电子研究实验室	光谱实验室

（三）跨学科计划（7 个）

Knight 科学新闻研究员计划	MIT 的中东计划	科技与发展计划
海洋基金学院计划	妇女与性别研究计划	MIT 葡萄牙计划
全球变化的科学和政策的联合计划		

（四）跨学科课题组及其他（11 个）

卫生科学与技术 Whitaker 学院	比较医学部	Haystack 天文台
信息技术倡议的生产力	MIT 的能源倡议	系统动力学组
新加坡—MIT 联盟	精益改进倡议	MIT 职业教育
本科课程及辅修科目	研究生课程	

二、麻省理工学院跨学科学术组织的基本形式

传统的院系组织模式是 MIT 学术组织模式创新的基础，MIT 所有的跨系、跨学科组织都是建立在原有院系基础之上的。MIT 的跨系、跨学科学术组织主要包括跨学科研究中心、跨学科实验室、跨学科计划和跨学科课题组等类型，它们在组织结构和隶属关系上一般有三种形式。

（一）以一个学院或系为主，负责组织和实施管理，其他相关学院或系共同参与

这是最主要的一种管理结构。例如，由工学院牵头管理和参与的有：生物技术处理工程中心、创新产品开发中心、技术政策与工业发展中心、运输研究中心、工业性能中心、材料处理中心、人工智能实验室、计算机科学实验室、电磁与电子系统实验室、信息与决策系统实验室、制造与生产力实验室、微系统技术实验室、制造业领袖计划、聚合物科学与技术计划、系统设计和管理计划、技术与政策计划等。由理（科学）学院组织管理的有：癌症研究中心、学习和记忆中心、空间研究中心、核科学

实验室、George Russell Harrison 光谱实验室、实验研究组等。由建筑和规划学院组织管理的有:高级形象设计研究中心、房地产中心、媒介实验室等。由斯隆管理学院组织管理的有:经济学与管理科学计算研究中心、协同科学研究中心、MIT 电子商务中心、信息系统研究中心、管理技术研究国际中心、MIT 创业伙伴中心、金融工程实验室、制造业领袖计划、信息技术创造生产力计划、药学工业计划、劳动与雇佣研究所、系统动力学组等。由人文、艺术和社会科学学院负责管理的有:国际研究中心、新闻科学爵士伙伴计划、妇女研究计划等。

(二)由单独行政或研究部门负责管理,各相关部门积极参与

如由教务长办公室组织管理的有:高级教育服务中心、考古和人类学材料中心、林肯实验室等。由副校长和院长研究管理办公室直接管理的有:生物医学工程中心、环境健康科学中心、环境创始中心、材料科学与工程中心、临床研究中心、运筹学研究中心、等离子科学与聚变中心、能量实验室、Francis Bitter 磁体实验室、核反应堆实验室、电子学研究实验室、技术与发展计划、赠海学院计划、Haystack 天文气象台等。

(三)由独立学院自主管理或作为附属机构独立运行

如由怀特克健康科学与技术学院自行组织管理的有:生物医学工程中心、环境健康科学中心、临床研究中心、哈佛—麻省理工健康科学与技术学部(HST)、比较药学学部等。独立的附属机构有:剑桥—麻省理工学院、Edgerton 研究中心、Charles Stark Draper 实验室、栗粒疹生物医学研究所、Howard Hughes 医学研究所、MIT 基因组研究中心等。

三、麻省理工学院跨学科学术组织的运作机制

(一)跨系实验室

跨系实验室是 MIT 最早建立的跨学科组织,目前已发展到 14 个。它又可以分为两类:一类是根据国家重大科学任务设立,投资巨大,设施先进,属国家级实验室,著名的有林肯实验室、能量实验室。这类实验室不挂靠任何学院和系,由单独行政或研究部门负责管理,相关学院或系积极参与,其成员主要来自相关院系的兼职教师和研究生,还有少量大学生。以能量实验室(Energy Laboratory)为例。它建立于 1972 年,其使命是致力于解决能源危机和与之密切相关的环境问题。实验室的研究项目涉及 20 名研究人员和访问学者,60 名教师,还有约 150 名来自全校各个院系的学生参与其中。实验室同时下设若干研究中心、实验室,包括能源与政策研究中心、大气有机物研究中心、斯隆汽车实验室等;此外还积极参与全球可持续发展联盟的合作计划,与环境健康科学中心、电磁与电子系统实验室、等离子聚变中心等组织共同合作项目,以及参与科学、技术与社会(STS)计划等。另一类是

由某一个学院或系为主,负责组织和实施管理,其他相关学院或系共同参与的校级实验室。以人工智能实验室(Artificial Intelligence Laboratory)为例,是由工学院牵头管理,相关学院和系联合参与,实验室研究项目招收大量研究生参与,研究生主要来源于电子工程和计算机科学系、机械工程系、大脑和认知科学系、数学系、语言学和哲学系等相关院系。

(二)跨系研究中心

跨系研究中心是一种相对稳定跨学科组织实体,一般根据跨学科研究任务来确定,同时兼顾跨学科教育。2000 年,MIT 跨系研究中心已达 28 个。跨系研究中心一般分为两类:一类是由美国国家科学基金会提供资助创建的工程研究中心。工程研究中心具有两个相互关联目的:从事跨学科工程研究和改进工程教育。以生物技术处理工程研究中心(Biotechnology Process Engineering Center,简称 BPEC)为例,它是美国 1985 年建立的首批工程研究中心之一。BPEC 只提供生物技术前沿领域研究和教育的机会,它的研究项目由 15 名分别来自化学工程系、生物系、化学系、生物工程与环境健康学部的教师领导,同时吸收一部分大学生、研究生和博士后研究人员参与。BPEC 积极提供各种各样的生物技术学习计划,对本科生提供化学工程和生物学方面的基础课程,将生物医学工程方向的辅修课程作为生物技术正规科目,并由 BPEC 教师讲授生物技术专业核心课程。另一类是挂靠某学院或由某学院主管,相关院、系参与的多学科研究中心。如工学院主管的材料处理中心、科学学院牵头的空间研究中心、人文与社会科学学院负责管理的国际研究中心等。

(三)跨学科计划

跨学科计划是集中 MIT 在某个学科领域方面的资源优势,进行大跨度合作的计划,而非组织实体。跨学科计划具有很大的灵活性,因此发展变化较快,1994 年达到 17 个,2000 年下降为 12 个。跨学科计划一般分属几个学院或系,如汇总课程计划、综合研究计划,针对 MIT 全体大学新生;系统设计与管理计划(SMD)由工学院和斯隆管理学院提供,作为一种硕士培养计划,致力于培养专业工程师的技术背景和领导才能。

(四)跨学科课题组及其他

跨学科课题组是更为灵活的、规模较小的跨学科形式,也非组织实体。以系统动力学课题组(Systems Dynamics Group)为例。它由斯隆管理学院教授建立于 1961 年,目前有三个主要研究领域。国家模型项目,由公司和私人企业提供赞助;系统动力学教育项目(SDEP)由私人资金赞助,提出著名的学习型系统动力模型(组织),它向部分大学生和研究生提供助理研究(RA)的机会;其它独立型机构如生物医学工程中心、临床研究中心由怀特克健康科学与技术学院自行组织管理。

以 Draper 实验室为例，其前身是 MIT 的仪器实验室，1973 年成为独立运作的非赢利研究和教育机构。MIT 与 Draper 实验室在导航、自动控制、数字和信号处理、集成电路、计算机科学、信息系统、水下交通技术等领域进行广泛的教育和研究合作，有 60 多名研究生参与完成 Draper 实验室的科研课题工作。

（五）计算机科学和人工智能实验室（CSAIL）的运作方式

麻省理工学院计算机科学研究始于上世纪 30 年代，人工智能研究始于 1959 年。1959 年明斯基（Marvin L. Minsky，1927—）和麦卡锡（John McCarthy，1927—）在 MIT 建立了世界上第一个人工智能实验室。2003 年 7 月 1 日，MIT 的计算机科学实验室和人工智能实验室合二为一，成为统一的计算机科学与人工智能实验室（MIT Computer Science and Artificial Intelligence Laboratory，CSAIL），此实验室是全球最大的校园实验室。2004 年 3 月 CSAIL 搬进 Dreyfoos 和 Bill Gates 塔楼。它现在共设四个大方向：体系结构、系统与网络，包括硬件和软件的所有方面；理论，包括计算机科学与人工智能的所有基础数学；语言、学习、视觉和图形学，包括各种类别的易用系统、仿真能力与模拟外观；物理的、生物的、计算的系统，复杂的适应系统，包括机器人、分子生物学、语义系统以及对社会的计算模型。CSAIL 是 MIT 最大的跨部门实验室，拥有 800 多个成员，包括来自 8 个部门的 90 多个首席调查员，将近 500 个学生。它的成员来自电子工程与计算机科学系、数学系、脑与认知科学系、航空航天系、海洋工程系、生物工程分部以及生命科学技术的哈佛-MIT 分部。

MIT 的计算机科学研究以兼顾科技与人性为特色，ARPANET、因特网、以太网络、World Wide Web 全球信息网、分时多任务计算机、RSA 加密技术、机器人、视觉图像、语言及电路设计科技、视觉引导手术、触觉接口、新一代屏幕、白宫监听系统、美国太空总署的太空探险等研究突破，引爆了一波波创新科技革命。同时，CSAIL 的衍生公司超过百家（Spin-offs），成就非凡，成功地将实验室中的创新科技带入生活，使得一般人可以轻松享受更人性化的科技产品，并为人类未来生活勾勒全新面貌，引领科技产业的潮流与趋势。另外，MIT CSAIL 与产业的关系密切，许多国际知名的企业，如 Intel、Cisco、NASA、Microsoft、Nokia、NTT、HP、IBM、ITRI、Ford、Toyota、Philips、Shell 等数十家，都与 CSAIL 透过各种研究计划、产研合作、技术移转或研发人员互访，了解并运用 MIT CSAIL 的研发成果。

（1）项目研究领域

人工智能：这方面的研究旨在了解和发展活的、人工的系统功能，包括智能推理、感知和行为。具体的研究包括核心人工智能的计算生物学、计算机图形学、计算机视觉、人类语言技术、机器学习、医疗信息、机器人技术和语义网。

系统：研究旨在发现计算机系统中硬件和软件的普通规则、模型、度量和工具。

具体研究包括编译器、计算机系统结构和芯片设计、操作系统、编程语言和计算机网络。

理论：致力于了解计算数学和其广泛、真实世界的后果。研究关注计算机数学及其结果。具体研究包括算法、复杂性理论、计算几何、加密、信任计算、信息安全和量子计算。

（2）研究团队及项目组

CSAIL 研究由将近 50 个研究团队领导，这些团队研究领域分成三部分，即人工智能、系统领域和理论领域。每个小组由学院首席研究员、研究生、本科生、博士后和研究人员组成。

①人工智能的研究主题

基于代理的智能反应环境	课堂学习伙伴	Haystack
生物与计算学习中心	临床决策组	计算机生物学
计算机认知科学组	计算机基因组学	电脑绘图组
分布式机器人实验室	设计原理	Infolab
动态语言组	医疗影像组	白羊座项目
进化设计及优化	视觉接口项目	机器人运动组
学习与智能系统	数学和计算项目	口语系统组
动态立体视觉后维网联盟	能呼吸的机器人	
随机系统与分布式信息组	机器人、视觉和传感器网络	
基于模型的嵌入式机器人系统组		

②系统领域的研究主题

先进的网络架构	计算结构组	计算机架构组
密码学与信息安全组	数据库组	Haystack
人类和自动化实验室	网络和移动系统	软件设计组
并行与分布式操作系统	程序分析和编译组	程序分析小组
程序设计方法学组	数学和计算项目	用户界面设计组
超级计算机技术组		

③理论领域的研究主题

密码学与信息安全组	数据库组	Haystack
计算机和生物组	分布式系统理论组	复杂性理论组
超级计算技术组	量子信息科学	算法组

（3）竞争优势

与企业通力合作：通过和企业、研究所还有其他研究组一起合作，完善想法并将其建成模型，直到成为现实。CSAIL 的研究跨越了 100 多家技术公司，对创新的跟踪记录反过来形成很大的价值。

杰出的教师:将近三分之一的教师是美国国家科学院成员,包括 60 多个专业学会研究员,6 个麦克阿瑟研究员,3 个图灵奖得主,2 个内万林纳奖得主,1 个千禧技术奖得主。大量的专家:作为 MIT 最大的实验室,CSAIL 的专家来自该研究所的电气工程和计算机科学、数学、航空航天、脑与认知科学、机械工程、媒体艺术与科学、地球、大气和行星科学部、哈佛—麻省理工学院卫生科学和技术分部。

(4)企业伙伴计划

企业伙伴计划使公司能够有机会和 MIT 教师、学生和研究者合作。企业伙伴计划的成员具有独一无二的机会,能够接触新的技术和思想,因为他们参与到实验室和市场当中。首席研究员一般是 CSAIL 的教师,管理由本科生、研究生、博士后研究人员和研究人员组成的小组。此外,我们也与大量企业合作,如诺基亚、广达电脑(T-Party 项目),还有由多个赞助者倡议的氧气项目。我们还提供机器人中心,并附属于生物与计算学习中心。CSAIL 的研究依赖于各种来源的慷慨资助。这些机构包括美国政府机构,如空军科学研究局、美国航天局、国家科学基金会、国家卫生研究所、美国海军研究院等;美国和国际公司赞助者,如波音、思科、杜邦、微软、诺基亚、NTT、辉瑞、广达、SAP 公司、壳牌公司和丰田;研究组织,如澳大利亚联邦科学与工业研究组织、台达环境与教育基金会、国防科技局、时代基金会、工研院以及新加坡—麻省理工学院联盟。

(5)成员利益

包括年度会议:一年一度为期两天的会议,展示突破性的研究成果,小组讨论挑战、应用和未来技术的景观。研究信息更新:获得一个只对会员开放的网站,其中包含有关的研究活动概要和 CSAIL 信息。CSAIL 的系列研讨会也可以通过视频输送给成员公司。研究生招生:在一年两次的为期一天的会议上,会员公司可以聘请丰富的人才资源。上门访问:会员偶尔安排访问,查看研究计划、结果以及新兴技术示范。联合项目:会员公司有机会参与 CSAIL 的研究项目。

(6)伙伴成员

Akamai 技术(创会会员)	英国电信公司	思科系统(创会会员)
台达电子公司(创会会员)	IBM 研究中心(创会会员)	戴尔计算机
福特汽车公司(创会会员)	微软研究院(创会会员)	富士康
ITASOFTWARE	NEC 公司实验室	高通公司
VMware 公司(创会会员)	洛克希德马丁	SAP 研究院
Mathworks 公司	谷歌(创会会员)	雅虎
诺基亚(创会会员)	星空联盟服务公司(创会会员)	

(7)科学影响力

①研究成果:该实验室的主要目标是追求信息技术的创新,这将促进人们生活和工作方式的大量长期改善。CSAIL 的研究人员引以为傲的是开发前沿技术的同时实现了对社会的影响。MIT 在许多工程研究领域保持着领导地位,除了在传统领域的成就外,在新兴科技方面有很强的创新能力。例如,在基础工业方面,曾开发了炼钢工艺、汽油生产流程与设备、清洁燃烧的发电设备。在医学方面,早期工作有人造皮肤、人造假肢,用于处理脑肿瘤化学疗法的新型聚合材料,可控制释放的化学药品。在航天方面,例如空间探测、登月惯性导航系统的设计与开发,用于超远程通信的信号检测与分析技术。在电子学与计算机方面,有模拟计算机、磁芯存储器、分时系统、因特网原型、TCP/IP 协议、公钥密码系统以及 CAD/CAM 的设计与制造等。

②精选奖项:截止到 2004 年底,美国共有各类诺贝尔得主 279 位,而 MIT 就有 59 位,占 21.1%,可见其综合实力之雄厚。另外,在迄今为止的 47 位图灵奖得主中,美国有 31 位,其中与 MIT 有关的(指在 MIT 获得学位或者工作 1 年以上者)有佩利、明斯基、麦卡锡、萨瑟兰、考巴托、布卢姆、姚期智、艾德勒曼、瑞维斯特和沙密尔 10 位,占总得主数的 21.3%。其他还有 2 个内万林纳奖、1 个千禧技术奖等。

③创业:过去 40 年,CSAIL 的成员和他们的校友创立了 48 家公司,包括攀登技术、Akamai 公司、BlueSpec 公司、Determina 公司(现为 VMware 的一部分)、iRobot 公司、ITA 软件、开放市场(现为 Flatwire 的一部分)、RSA 数据安全(现为 EMC2 的一部分)、Sandburst(现为 Broadcom 公司的一部分)、SightPath(现为思科的一部分)、SpeechWorks(现为 Nuance 公司的一部分)。

第三节　美国高校跨学科学术组织的典型特征

20 世纪 90 年代后期,美国研究型大学广泛采用跨学科教学和研究模式,这被看成是一种高等教育体制改革或者战略变革,许多一流大学将跨学科活动纳入了它们的战略规划文件中。"跨学科战略"具体是指在高等教育体系中努力推动跨越传统学术部门和学科界限的合作教学与研究,包括建立和适应跨学科大学的政策、实践和结构,其重点是在体制水平上的战略而不是在大学或部门水平的战略。国家政治和财政的支持,以及跨学科学术带头人的兴趣显示了美国高等教育体制的转型愿望。正如 Feller(2004)所指出,美国研究型大学的跨学科学术机构将更有效地适应跨学科浪潮的冲击,从而获得研究市场上的优势地位。

美国研究型大学正在通过两种可能的方式来建立新的大学学术组织结构:第

一种，渐进变革模式，这种模式是建立在过去传统学科组织的经验教训基础上采用增量变革的方式；第二种，创新变革模式，这种模式是根据现有的学科结构和跨学科实践活动的快速变化而不间断的动态变革方式。

一、渐进变革模式：采用基于跨学科的矩阵式学术组织模型

考虑到现存的单学科学术组织结构和实践形式，为了使组织变革更为迅速和保持连续性，很多大学采用了类似于矩阵模型的学术组织结构。通过设立大量的跨学科研究中心、办公室、研究计划和教学课程，作为跨学科学术交流的纽带和桥梁，允许研究人员跨系和跨学科自由流动。在学科学系和跨学科研究中心之间有各种形式的连接器，包括职务任命、薪酬基线、间接成本和收益的分配，以及教学任务安排、课程教学评价、课程设置和学位授予等。在矩阵模型中，大学学系和学院被认为是纵向的"垂直结构"，跨系跨学院的学术人员组成功能定向的研究群体，以跨学科研究中心、研究所或研究计划等形式构成横向的"截面结构"。大学矩阵学术组织结构中，经常跨系设立联合教师职位和联合博士学位授予权，从而产生了大量的跨学科本科生和研究生课程，为相关学科的研究生提供了跨学科导师，更为重要的是为教师和研究人员提供了跨学科学习和交流的机会，扩展了其职业生涯领域的知识深度和广度。成功的矩阵学术组织模型，要求大学能够为跨学科研究领域提供教师职位设置，建立跨系跨学科的长期聘用和晋升评价机制，通过灵活分配教学单元鼓励跨学科教学团队，支持研究生从事跨学科领域的学习，提供跨学科的导师团队，允许研究单位结构化的分配收入和研究基金，以使跨学科研究中心和项目获得相关的资助。这些策略的制度变革成本是较低的，但是可以带来现存学术组织形式和激励结构的转变。例如，杜克大学（Duke University）和南加州大学（University of Southern California）已经改革了它们的教师晋升、评估和认可政策，这两所大学现在都要求学系和学院在评估、晋升和任期程序方面必须适应教师和研究人员的跨学科工作。

案例 4-1　加州大学戴维斯分校的横向预算结构

从 20 世纪 70 年代开始，加州大学戴维斯分校大学跨学科项目迅速发展，并通过"水平型"结构打破学院界限的项目来挑战原来"垂直型"的资金模型。"资金自然向下流动"，Cristina Gonzalez 写道，"并且很难向各方向流动"。加州大学戴维斯分校用两种方法来克服这种"引力定律"：一是把资金从负责的总部门直接分配到跨学科项目而不用通过系，二是从总部门（如研究生院）中带来相对应的配套资金以支撑跨学科项目的进展。UC Davis 通过增加配套资金，这两方面都在做。研究生院机构（OGS）通过明示的资助规则在支持跨学科项目中起到非常重要的作

用,这些规则能够为研究生群体提供政策支持。几年前,OGS和院系基于"由院系提供的配套资金会来自于院系自己的预算"这一原则,使得跨学科配套资金系统规则进一步完善。Gonzalez得出结论说,大学已经变得太复杂以致不能有一个通用解决方案来解决跨学科项目的资金矛盾,这套系统得以在加州大学戴维斯分校运行,保证了"在一个垂直资金系统中使得金钱水平方向流动,这是一种高度定制的系统工作,必须要把每个学校的个性特色考虑在内"。

案例 4-2　华盛顿大学的环境研究计划(PoE)

华盛顿大学是一个基于纵向学科组织的大学机构。华盛顿大学的环境研究计划(PoE)创造了一个横向网络,汇集来自全国的教师和大学生。该计划由理事会监督,理事会包括24个教师、职工和一系列院系、学院和服务单位的学生代表。除了跨学科学士学位计划以外,该计划提供了三个跨学科领域的证书。PoE并不是传统的学术院系,没有自己的教师。相反,它起到了联网作用,聚集了来自校内各专业的大学教师和学生来推动现有的计划,并提供整合的跨学科计划。华盛顿大学校长预留了永久性预算,PoE可以用于联合招聘。通过负责PoE一小部分的运作预算,就加强了项目的灵活性和适应性,将其从传统院系和学院的资源竞争中剥离。联合招聘使大学能从现有的学者身上获利,这些学者并不容易适应之前存在的部门框架。PoE支付了部分启动费用和首3—5年的工资,之后就由院系全权负责。大力鼓励学院和部门为环境研究课程的教学捐赠教员时间,学生的学分时间累积记入教师本院系的教学时间。PoE同样可以利用它的预算来补偿院系。

二、创新变革模式:采用基于跨学科的无边界学术组织模型

学生、博士后研究者、教师、研究人员以及其他各类学术群体会根据他们所看到的和亲身经历的制度结构来调整他们的愿望和计划。一种更为剧烈和革命性的跨学科变革模式是建立没有"围墙"的、完全学科整合式的学术组织结构,即转换矩阵模式。这种组织模式是没有围墙的机构,体现了基于学科整合的高度灵活性和流动性。在这个矩阵内,学生、教师、研究人员完全是按照"研究主题"或"实践问题"组织起来进行教学、科研和社会服务工作,而不是按照现在的学科组织模式。在跨学科教学实践中,学生被鼓励获取更广泛的专业领域知识;在跨学科研究领域,无边界学术组织模型不是按照传统的学系或者学院模式来运作,而是按照实验室或者研究方向来组织。

案例 4-3　常青藤州立学院用计划或规划单元代替课程和专业

在常青藤州立学院(Evergreen State College),学校鼓励学生每学期参加一个研究计划或者计划学习单元来代替传统的选修几门专业课程，这些计划主题包括"城市可持续发展与领导力"、"从数据到信息：计算机科学与数学"、"鱼类、青蛙和森林"等，这些研究计划由若干不同领域的教师团队共同开设相关课程，为学生带来多学科的知识和学术思想，规划单元的教师团队为学生提供他们所关注领域的研究方法。常青藤州立学院的学生最后获得艺术学士学位或者没有专业的理学学士学位。研究生课程也这样组织。例如，环境研究的研究生计划在1984年建立，整合了环境科学和公共政策研究。课程包括紧密结合的课程，由在社会、生物和物理科学方面训练有素的教员队伍讲授。在研究生计划中，承认学生进入"生命科学"领域的学习，允许他们1—2年选择一个新的专业方向。

案例4-4　没有院系的洛克菲勒大学

在洛克菲勒大学（Rockefeller University），它的洛克菲勒研究所并不是按照某一学科或者研究者领域设立，而是追求生物医药领域的多样化研究主题。研究者分别来自多样化的学术背景和文化背景，大多数人共同工作在多个学科和学术交叉领域。研究所由两个部门组成，即实验室部门和医院部门，这种实验室结构完全没有学科式"围墙"，同时大大减少了学系和学院的管理层次，而只有从事自由学术研究的科学家，这种模式极大地促进了跨学科领域的研究与合作。从本质上讲，无边界学术组织有三个重要的特点：高水平的科学多样性、低水平的内部分化（即无院系部门）和富有远见的领导。Hollingsworth认为，"重大发现不断出现，是因为有高程度的跨学科组织和整合式的跨越不同科学领域的研究活动"。与之相联系的是，在20世纪，洛克菲勒研究所（大学）在生物医学方面的重大发现比世界上其他任何机构都多。洛克菲勒大学拥有23位诺贝尔奖获得者，19位拉斯克奖（生物和医学领域的美国最高奖）获得者，12位美国国家科学奖章获得者，以及32位美国科学院院士。

三、美国高校跨学科学术组织的典型特征

结合前述大学跨学科学术组织运作案例，笔者总结了美国高校跨学科学术组织的典型特征。主要包括：

（1）美国大学跨学科学术组织总体上已经处于学科交叉和学科会聚的高级阶段，即由多学科合作或交叉学科合作阶段开始向学科融合与创新或完全跨学科合作阶段跃迁发展的成熟阶段。

（2）美国大学跨学科学术组织采用自由创新模式，即各个大学可以根据自己的学科特色和学科布局，自上而下地形成校级或院系级的正式跨学科学术组织，也可以是大学学术工作者根据自己的研究兴趣和爱好自下而上形成的非正式跨学科学术组织。

（3）美国大学的跨学科战略与行动计划的有效实施极大地推动了跨学科学术组织的发展，同时自由组合的研究者、跨学科学术团队、内生性的学科会聚和跨学科专业社会网络的建设促使其知识生产和知识创新能力显著提高。

（4）美国跨学科学术组织形式不断创新和灵活多样化，跨学科学术组织运行机制也日趋成熟。在跨学科机构领导任命、团队组建、学术政策导向、教师招募、培训开发、教学与科研评价、资源分配和激励体系、专业化社会网络等方面初步实现了有利于跨学科教育与研究的战略愿景。

第五章　德国高校跨学科研究引发的大学学术组织变革

　　德国的传统大学,最初是为向少数精英们提供科学教育而设立的。从 20 世纪 50 年代起,德国大学生入学人数开始迅猛增长;但与其他工业国家相比,联邦德国在高校入学率方面仍是"后进生",1960 年仅达到 6%。因此,这就要求德国传统大学在学习制度、内部管理和高等教育观念等诸方面必须进行深刻的变革。20 世纪 60 年代,德国的高等教育改革开始酝酿。60 年代德国高等教育改革的一个突出特色是各邦政府积极创设新制大学及学院,至 1976 年共创立 9 所新制大学,19 所学院。这些新制大学,不仅增加了学生的收容量,而且其在行政和学术组织形态上,也充分反映了德国大学的改革方向。20 世纪 70 年代,德国创立了负责教学和科研的综合部门,称为"学域"。是一个多学科的教学管理部门,取代了传统的学部和研究所中心制。20 世纪 80 年代,德国的研究生(博士生)教育趋向于组织化、规模化,开始着手设立研究生院,它是一种兼具科研与教学双重功能的机构,以后逐渐发展为跨专业、跨系的有明确科研方向和课题的研究实体,并突出培养博士生的功能。第一个研究生院是科隆大学的分子生物学研究生院;目前,研究生院总数达到 300 个左右。20 世纪 90 年代,德国大学学术管理结构发生了新的变化,实行大学和学系两个层次办学,使学系享有较大权力,成为大学教育与科研的基本单位,即将原来的学部(Fakultat)按学科发展和需要划分为规模较小的学系(Fachbereich);同时,将原先隶属于学部的研究所独立出来,取得与学系同样的地位,形成"大学——学系或研究所"两级组织结构,这种学术组织模式既有利于交叉学科和边缘学科的发展,也有利于跨学科的研究和学习。

　　现代科学技术的飞速发展,直接推动了各类学科的交叉整合,进而形成了众多的边缘学科和新兴学科,而新学科的发展,必然要求学术组织(管理)结构的调整和变革。从现有的资料来看,德国高校的学术组织(管理)结构正在向扁平化结构演变,学术与研究单位趋向于合并与重组,学科发展趋向于整合与创新。

第一节　柏林工业大学的跨学科学术组织

一、柏林工业大学的历史

柏林工业大学(TU Berlin)是德国一所主要的理工科大学,创建于 1799 年,已有 200 多年的建校历史。其前身是普鲁士国王威廉三世倡建的皇家建筑学堂,这个学堂主要培养测绘、农田水利、建筑等方面的人才。19 世纪 30 年代,皇家建筑学堂和柏林技术学校(1821 年成立)合并为皇家技术学院,培养高级技术人才。到 1899 年,这所学院的规模逐步扩大,有教员 153 人,学生 3150 人。分为六个学系:建筑结构系,建筑工程系,机械系,造船和造船机器制造系,化学和冶金系,普通科学系(以数学和自然科学为主)。1946 年,柏林皇家技术学院正式更名为柏林工业大学,确立了新的教育目标——培养学生成为"有教养的、符合伦理道德观念的高质量的工程师"。[①] 柏林工业大学开始增设大量的人文科学系科,如历史、文学、人类学、社会学等。学校要求每个学术单位都要具有教育和研究的双重功能。到 20 世纪 80 年代,柏林工业大学已经发展成为有 22 个系、下设 115 个研究所,以工为主的多科性工业大学;其技术与人文相结合,是具有技术-工业和文化交流双重职能的现代大学。"学校培养目标是让学生根据未来职业需要,使之能够胜任今后工作并独立解决在工作中遇到的问题"。[②]

二、现代柏林工业大学的学术组织结构

进入 20 世纪 90 年代以来,柏林工业大学的规模进一步发展。今天,柏林工业大学拥有 405 名教授和大约 27700 名学生,是德国规模最大的工业大学。柏林工业大学传统的学术组织结构不断变革,原有的学系和研究所的设置情况也发生了新的变化。目前共设有 15 个学系,超过 100 个研究所,为学生提供超过 50 门学科的专业课程,这其中不仅仅包括理工科科目,而且还包括了大量的人文和社会学科的专业科目。表 5-1 列出了 20 世纪 90 年代柏林工业大学的学系设置情况,系下研究所的设置情况略去。

---

① 引自《外国教育丛书》编辑组:《外国教育丛书——六国著名大学》,人民教育出版社 1979 年版,第 184 页。

② 引自邹晓东:《专业设置及运行机制的研究》,浙江大学 1993,第 17 页。

表 5-1　柏林工业大学学系设置情况(1999 年)

第 1 系　历史与语言交流	第 9 系　土木工程和应用地球科学
第 2 系　教育和教育学	第 10 系　运输和应用力学
第 3 系　数学	第 11 系　机械工程和制造技术
第 4 系　物理	第 12 系　电子工程
第 5 系　化学	第 13 系　计算机科学
第 6 系　加工工程,环境技术,材料科学	第 14 系　经济与管理
第 7 系　环境与社会	第 15 系　食品科学与生物技术
第 8 系　建筑	

（一）大学学系及研究所设置

2002 年,柏林工业大学将 15 个学系合并为 7 个学院。具体如下所示。

（1）人文学院。下设哲学、科学理论、科技史系；文学系；历史系；社会学、政治历史教育系；教育系；语言和传播系；职业教育与劳动力系；女性研究中心和反犹太研究中心。

（2）数学与自然科学学院。下设化学系、数学系和物理系。

（3）过程科学学院。下设生物工程系、能源系、食品科学系、过程工艺、环境保护系和材料系。

（4）电子工程和计算机科学学院。下设能源与自动化系、高频与半导体系、通信系、微电子和计算机系、软件技术与计算机理论系及经济信息和定量分析系。

（5）机械和交通学院。下设流体力学和声学系、心理学和劳动科学系、陆上和海洋交通系、航空航天系、精密机械和医药工程系、机械制造系、机械设备系。

（6）建筑、环境、规划学院。下设建筑系、土木系、应用地理科学系、地球信息和大地测量系、景观设计系、生态学系、社会学系和城市与地区规划系。

（7）经济与管理学院。下设技术和管理学系、企业经济系及国民经济和经济法系。

与此同时,为了促进学科整合和前沿科学的发展,柏林工业大学还设有大量的跨学科学术组织,包括跨系研究中心(FSP)、大学研究论坛(UF)、跨学科研究组(IFP)；德国研究会(DFG)的合作研究中心、研究组；研究生院；以及独立研究所(An-Institutes)和跨学科研究协会(IFV)等多种形式的跨学科教育和科研机构。

（二）跨学科学术组织

（1）跨系研究中心(Interdepartmental Research Centres)

包括：＊人类—机器—学习系统研究中心(ZMMS)

＊工业技术与社会研究中心(ZTG)

　　＊生物技术研究中心

　　＊柏林工业大学宽频通讯工程（TUBKOM）

　　＊柏林公共医疗保健中心（BFPH）

　　＊国际地球系统分析（GEOSYS）

　　＊流体系统技术研究中心

（2）跨学科研究组（Interdisciplinary Research Group,IFP）

包括：＊IFP06/21 风能和太阳能的开发与利用

　　　＊IFP10/21 运输部门运用现代信息和通讯技术最优化传输货物

　　　＊IFP11/21 运用人工神经网络并行处理运动分析结果

　　　＊IFP12/21 数字化滤波（光）器

　　　＊IFP13/22 运用传感手套进行形体辨认

（3）独立研究所（An-Institutes）

包括：＊柏林工业大学铁路技术研究所

　　　＊激光和生物医学技术研究所

　　　＊柏林工业大学环境统计学研究组

　　　＊建筑物维护和现代化研究所

（4）跨学科研究协会（interdisciplinary Research Association,IFV）

　　跨学科研究协会是为了一个具有共同研究兴趣和经济利益的研究课题或项目,将柏林各方面的科学家汇集到一起,进行跨学科交流与研究的团体。下面仅列出与柏林工业大学有关的研究项目：

　　＊信息与通讯技术　　　＊微系统技术　　　＊光电子学

　　＊铁路技术　　＊柏林交通技术系统网络　　　＊应用地球科学

　　＊科学发展史　　＊材料研究　　＊迁徙研究　　　＊生物组织（构造）

　　＊临床药理学

（5）研究生院（Graduate Colleges）

　　从80年代开始,德国的研究生（博士生）教育趋向于组织化、规模化,一些著名大学逐步着手设立研究生院。研究生院是一种兼具科研与教学双重功能的机构,以后逐渐发展为跨专业、跨系的有明确科研方向和课题的研究实体,并突出培养研究生（主要是博士生）的功能。柏林工业大学的研究生院也基本如此。研究生院一般以三到五年为一个周期,科研课题、项目完成后或予以撤销,或以新的课题形式进行深入研究。

①柏林工业大学各系所属研究生院或研究生课程：

第1系　历史与语言交流

两年制研究生课程（Biennial post-graduate course）：

艺术史,建筑考古学,文物保护、保存

第3系 数学

研究生院: 随机过程和概率分析

第5系 化学

研究生院:合成物,力学与反应工程,金属催化剂方向

第6系 加工(工艺)工程,环境技术,材料科学

研究生院/博士生院(Ph. D Students College):

聚合物材料

第7系 环境与社会

研究生院:生命系统中的信号链

第13系 计算机科学

研究生院:基础通讯系统

第14系 经济与管理

研究生院:

医疗保健的必要基础和成本效率——最优化资源配置的依据

②柏林工业大学与其他大学联合建立的合作型研究生院:

＊46 解析几何学和非线性分析(HU Berlin)

＊120 生命系统中的信号链(FU Berlin)

＊219 离散数学的计算方法(FU Berlin)

＊316 多用途信息系统(HU Berlin)

＊331 无因发热在治疗与诊断中的影响作用(HU Berlin)

三、柏林工业大学跨学科学术组织的特征分析

(1)柏林工业大学的跨学科学术组织是建立在其传统学术组织(大学——学系——研究所模式)结构基础之上的。研究所模式是德国大学的传统特色,这种模式突出了大学的研究功能,强调教学建立在研究的基础上,以研究带动教学;培养人才以科研训练为主,突出实践和创造能力的重要性。柏林工业大学以研究所为基础,在学系下面设立了众多与研究所平行的系属合作研究中心、跨学科研究组、DFG合作研究中心、IFV合作项目等,在发挥各研究所强大研究功能的同时,加强了研究所之间的跨学科、跨学术领域的科研合作,以适应解决现代社会复杂系统工程问题的需要。

(2)柏林工业大学的学科设置更注重从实际出发,强调学科设置的实用性、交叉性和综合性;各类科研机构的设置也充分强调交叉研究、跨学科协作研究的重要性。这种特色可以从它的学系、研究所以及合作研究机构的设置中得到充分证明。

例如:在数学系中设有面向工程师的应用数学(FORTRAN－/ PASCAL－/ C-Courses)和工程师数学研究所,这完全是切合工科生的实际需要设立的,为其他大学所罕见;经济和管理系结合为一体,使经济学和管理学这两门宏观和微观的社会科学结合起来。至于系属合作研究中心、跨学科研究组,德国研究会(DFG)的合作研究中心,跨系研究中心,跨学科研究协会(IFV)的合作项目,更比比皆是,从而打破了原有人为划分的系、研究所为核心的学术组织界限,充分开展跨系、跨研究所的科研合作与研究生教育。通过这样的学科和科研机构设置,目标是培养出真正的复合型、应用型人才。

(3)柏林工业大学作为德国传统的工业大学,与大多数同类型大学相比较,一个主要的特色就是它为学生提供的不仅仅是理工科课程,而且也提供大量的人文和社会学科课程,并将其与工科课程相融合。其教育目标是以"和平、民主和人文主义的文化准则"为导向,向学生展示他们将来所从事工作的复杂性和社会意义。这一特色也可以从其学系设置中看出,例如:学校设有环境与社会系,力图将环境发展与社会持续发展统一、协调起来;建筑系中设有建筑设计与构造,构造经济学和建筑法研究所,将建筑工程与经济、法律结合起来,更加突出了工程教育的系统性。这种系统教育思想,不仅是现代工程教育的理念,也是现代大学教育的理念。

第二节　慕尼黑大学的跨学科学术组织

慕尼黑大学(Ludwig Maximilian Muenchen Unitversitaet)创建于 1472 年,是德国历史最悠久、文化气息最浓郁的大学之一。从 1472 年创建至今,这所学校已经发展成为了规模仅次于柏林自由大学,位居德国第二位的大学。在 2009—2010学年度,慕尼黑大学共有 700 名专职教授和 2500 名其他教学科研人员。学生近45000 人,其中女生 28000 人以上,超过半数,外国学生有 6700 人左右,在 4 万多名学生中,有 51%分布在语言类文化和社会科学类的专业中。

一、慕尼黑大学的学术组织结构

慕尼黑大学的教学单位现分为 20 个学院,这些学院中又分为 178 个研究所以及为医学院实习用的诊所。慕尼黑大学学术成就较高的学院主要有企业经济学院、医学院、法学院、社会学学院、物理学院和化学学院、林学院、兽医学院等。慕尼黑大学的主要学术研究机构包括慕尼黑大学和慕尼黑工业大学合作的加速器实验室,基因中心,信息与语言处理中心(CIS),大学档案,教师教育中心,巴伐利亚历史研究所。慕尼黑大学高水平研究的标志是其成员每年荣获的多种奖金和奖励,如德国研究协会的 Gottfied-Wilbelm-Leibniz 奖和 Koeber 奖。迄今为止,慕尼黑大学校友中已有 36 人获诺贝尔奖,其中 13 位为在校期间获得。

二、慕尼黑大学的跨学科学术组织现状

慕尼黑大学的跨学科学术组织机构主要有 11 个。具体包括:
- Arnold-Sommerfeld 理论物理中心(ASC)
- 生物成像中心(B)IZ
- 应用政策研究中心(C)AP
- 数字技术和管理中心(C)DTM
- 地球生物学和生物多样性研究中心(Geobio 中心)
- 互联网研究与媒体集成中心(ZIM)
- 纳米科学中心(C)eNS
- Fach-und Fremdsprachen programm (FFP)
- 人类科学中心(HWZ)
- Interdisziplinäre Zentrum für Kognitive Sprachforschung (ICCLS)
- 慕尼黑神经科学中心一脑和智力

三、慕尼黑大学跨学科学术组织的运行机制

Arnold Sommerfeld 理论物理中心是慕尼黑大学运作良好的跨学科研究中心之一。Arnold Sommerfeld 理论物理中心(简称 ASC)成立于 2004 年 11 月 5 日,并于 2005 年 1 月 19 日竣工。ASC 是国际理论物理研究中心,其目的是汇集世界各地、理论物理学各个领域的科学家,并为他们提供一个便于居住的环境来吸引初级和高级访问科学家。ASC 由一个 5 个科学家主任以及一个发言人组成的董事会管理。董事会两年选举一次,由其全体成员选举产生。同时有一个科学经理和咨询董事辅助其日常运作管理。

ASC 提供一系列先进的研究生课程、研讨会和讲习班。访问科学家通过教学、演进等方式在这些活动中发挥了重大的作用。这样,ASC 不仅有助于物理教育的国际化和优秀青年科学家的教育,而且促进科学合作。ASC 大大提高了慕尼黑大学作为杰出物理理论研究的国际形象。ASC 由国际公认的慕尼黑理论研究组领导,目前关注宇宙学和天体物理、基本粒子物理、数学物理与弦理论、固体物理和纳米物理学、统计物理和生物物理学、量子光学和量子信息。ASC 活动一个重要的跨学科内容就是对研究生课程的共同组织学习。例如量子场论和统计领域的理论、diagramatics、重整化的方法、路径积分方法和蒙特卡罗数值方法作为模块课程共同学习。ASC 的跨学科研究和学习计划包括:

（一）跨学科学习计划

精英硕士研究生计划

ASC 研究生院

ASC 研究生课程

ARNOLD SOMMERFELD 博士奖项

（二）跨学科研究方案和项目

纳米科学中心

基础物理起源和宇宙结构的精英集合

慕尼黑纳米倡议

SFB 631

SFB-Transregio(TRR 33)黑暗的宇宙

①纳米科学中心（C）eNS 成立于 1998 年，其使命是促进、协调并结合纳米领域的跨学科研究。CeNS 是基础研究和企业的研究团队的协会，同时形成了一个网络，连接了来自各个机构的人员（慕尼黑大学、慕尼黑工业大学、德国慕尼黑马普所生物化学、奥格斯堡大学和其他），涵盖了各个学科领域。研究人员在自愿的基础上进行横向合作，由一个小型的协调小组来支持。

②基础物理起源和宇宙结构的精英集合于 2006 年 10 月在慕尼黑工业大学成立。45 个团体大约 200 名科学家在这个独特的、国际公认的研究中心中合作，解密所谓的"宇宙"。该集合位于 Garching 研究中心。这一跨学科研究项目致力于初步运行五年。它统一了慕尼黑工业大学和慕尼黑大学的教师。在这个项目中的其他伙伴是慕尼黑 Universitätssternwarte(大学天文台)、马克斯普朗克研究所和欧洲南方天文台（ESO）。

③慕尼黑纳米倡议包括以下研究领域，单电子和自旋纳米体系、纳米光电系统、量子信息纳米系统、Nanotransducers、功能性纳米网络、纳米分析及有利的技术、纳米结构表面和细胞基质的相互作用、单分子生物物理学、纳米器官和先进细胞成像、程序化的药物配送。

④Sonderforschungsbereich 631（合作研究中心 631）由德国科学基金会（D）FG 于 2003 年 1 月建立。2007 年 5 月，Senatsausschuss Angelegenheiten der Sonderforschungsbereiche 机构资助了第二个四年期。18 个研究项目分为三个研究领域，来自巴伐利亚科学院、慕尼黑工业大学、马克西米利安大学、马普量子光学研究所以及雷根斯堡大学和奥格斯堡大学的团队相互合作。除了 35 个主要的调查研究员以外，还有 60 多个博士和本科学生及大量访问学者参与到研究活动中。该中心研究物理概念、材料外观和固态量子信息处理（SQIP）的技术基础。这个跨学科研究领域具有潜力对科学和技术的许多领域进行改革。它解决固态量子系统

的连续动态,并具有远大的目标,即能够基于量子力学原理处理和交流信息。

⑤跨区域合作研究中心(TRR 33)包括 15 个项目,主要涉及以下三个领域,暗物质和暗能量的起源,暗能量的时间历史,暗物质与暗能量的联结机制。

慕尼黑大学跨学科学术组织的另一个特点是科研、教学与社会服务并举。在科学技术不断融合的新形势下,慕尼黑大学跨学科学术组织更为注重与企业界的密切结合。在探索产学研结合的过程中,慕尼黑大学建立了几种不同的跨学科研究模式:一是高校与企业共同组成跨学科研究中心,前期的理论基础开发研究由高校承担,后期的应用研究由企业承担。二是以"现实问题导向"的研究课题和项目为主,由学校与几个企业组成研究联合体。三是高校与校外研究机构组成联合体,联合体设在慕尼黑大学内部,研究所所长同时在大学兼职,这种负责人的双重身份十分有利于调动研究所和高校两方的积极性,科研经费的使用也很灵活,更有利于研究所对跨学科博士生的培养。

第三节   德国高校跨学科学术组织的典型特征

德国高校的跨学科学术组织基本上是建立在传统学系或学院等学术组织之上的。由于德国大学普遍采取具有悠久历史的研究所和讲座教授制的大学科研模式,因此,德国高校跨学科学术组织变革的典型特征是转型变革模式,即通过对传统学系或学院的合并与改造,使之逐渐适应学科的跨系和跨学院交叉,同时结合德国工程技术的实践需求,其跨学科学术组织形式也日趋灵活和多样化。其跨学科学术组织结构的基本特点,归纳如下:

一、以大学学系作为学术活动领域的自治机构

仿照英美模式建立大学组织结构,即大学—学部(学院)—学系模式。其学术组织的重心放在学系一级,学部一级采用学院模式,但与英美模式强调以学院一级作为学术、行政权力的核心不同,学院基本上只是具有某些行政权力,一般不参与学术权力的划分。这种模式将学部作为大学的中间协调机构,以学系作为学术活动领域的自治机构,既避免了原来研究所中心模式的人为学术分割,维护了大学的整体统一性,又保持了学术机构的灵活性和自治原则。

二、大学学科设置日趋灵活和多样化

德国高校的一个核心观念是在"在研究的基础上教学(teaching on the basis of research)",其要求大学教师和科研人员将教学与研究相结合。大学科研组织

机构实行新形式的自我管理,统一的行政机构设置,统一利用科研设备、计算机设施,研究活动由跨学科研究小组、专业研究区域及研究中心协调配合进行,统合相关学科领域,实施共同研究。这种形式打破了原有研究所模式的链式管理结构,打破了讲座教授或研究所长对科学研究及学术活动的人、财、物垄断,有效地避免了人为的学术、学科乃至科研活动的分割,实现了资源共享,合理配置。与此同时,尽管德国高校只提供有限的专业科目,但它强调的是学科特色和学术水平。学科特色体现在学科交叉性的专业设计和与区域特色相结合的"别出心裁"的专业课程设置。

德国高校学术组织结构的变革策略可以给我们很多有益的启示启发:一是,既保持了本国大学传统特色的优势——研究所中心模式,又吸收了英美大学的高效行政管理模式,以学科发展和跨系乃至跨校的多学科交叉、合作研究来推动大学学术水平的提高。通过大学学术组织结构的灵活创新,适应了当今学科融合和知识飞速增长的趋势。二是,学术组织改革的目标明确,大学学术组织结构的模式是多样化的,关键是要形成适合自己的特色,既不能简单模仿,也不是刻意创新,要根据实际情况,将工作做到实处。学术组织改革要勇于突破传统模式的束缚,要敢于创立新的管理模式和运行机制。三是,大学学术组织改革要紧跟时代潮流,大学学术水平和科学创新能力的提升与现代科技、社会经济的发展密切相关,因此,必须注重和响应知识经济时代对大学学科整合和大学学术组织结构调整的要求。

第六章　日本高校跨学科研究引发的大学学术组织变革

　　自 20 世纪 90 年代起,日本大学开始缓慢而渐进的变革。2001 年 Hiranuma 和 Toyama 教育法案的管制放松和日本国立大学的合并改革加速了日本大学的变革过程,其中最显著的变化就是鼓励大学学科会聚(Convergence of Disciplines),推动日本国立大学逐渐由单一的学术性大学向产业—大学—政府合作模型转变。

　　从 2004 年 4 月开始,日本国立大学彻底转变为独立法人单位。这意味着所有的国立大学获得了更多的自主经营权,大学校长为决策负责,教职员工不再是国家公务员。随着内外部环境变化,日本大学越来越强调在多学科和跨学科领域开发竞争力,很多大学开始创建综合性学系。日本教育部、文化体育、科学技术部联合设立了"21 世纪卓越研究中心计划",从其科研项目资助数据可以看出这一趋势。1998—2001 年对学科会聚领域(涵盖交叉学科和多学科领域主题)的研究项目资助率为 17%,到 2002—2004 年对学科会聚领域的研究项目资助率上升为 29%,资助项目从 1998 年的 4513 个上升到 2002 年的 5526 个,资助金额从 1998 年的平均每项 8530 百万日元上升到 2002 年每项 14840 百万日元;与此同时,资助趋势也从多学科领域日益转向交叉学科领域。日本大学优先资助的交叉学科领域包括信息科学(14%)、科学教育(14%)、基础生命科学(10%)、环境科学(9%)、神经科学(8%)、生物医药工程和生物材料科学(5%),这些资助领域与日本国家与科学技术政策研究所(NISTEP)发布的日本相对竞争优势领域(RCA,相对于美国的竞争优势)基本一致。从国际学术界来看,学科会聚也越来越集中于 NBIC 四大领域,即纳米技术(Nano Technology)、生物技术(Bio Technology)、信息技术(Information Technology)和认知科学(Cognition Science),这些领域将对人类未来的创新绩效产生重大影响。与之相对应的是,日本大学进一步加强了产业—大学—政府之间的互动合作。由大学衍生的创业型公司从 1979 年的 15 个上升到 2004 年的 1099 个,大学专利申请数量从 1997 年的 577 项上升到 2003 年的 1679 项。日本大学研究人员的数量占日本国家整体研究人员的 34.2%,大学研究经费占整体研究经费的 19.4%。日本国立大学与私营企业的合作研究项目从 1991 年的 1139 个上升到 2004 年的 8023 个。

第一节　名古屋大学的跨学科学术组织

名古屋大学是日本一所老牌国立大学,其前身是 1871 年创建的名古屋短期医学院,1947 年正式更名为名古屋大学。今天,名古屋大学作为日本最卓越的大学之一,力图以领导性角色致力于教育和研究。正如其在大学使命宣言中所阐述:"名古屋大学将为全世界的幸福、安宁与进步做出贡献,以不断提高大学教育和研究的标准为己任。"为了实现大学使命和适应全球化与知识经济的挑战,名古屋大学实施了一系列大学教育和研究的改革,其中最突出的就是为促进跨学科(交叉学科)研究与教育而建立的流动型教育和研究系统。

一、名古屋大学的跨学科学术组织模式现状

名古屋大学现有文学部、教育学部、法学部、经济学部、理学部、医学部、工学部、信息文化学部、农学部等 9 个学部;文学研究科、教育发达科学研究科、法学研究科、经济学研究科、理学研究科、医学系研究科、工学研究科、生命农学研究科、国际开发研究科(GSID)、多元数理科学研究科、环境学研究科等 13 个研究科;环境医学研究所、太阳地球环境研究所和 Eco-topia 科学研究所 3 个研究所和 2 所全国共同利用设施、29 处校内共同教育研究设施等。

(一)流动型教育和研究系统的理念

流动型教育和研究系统是名古屋大学工学部在实施其研究生院重点化战略过程中,逐步建立和完善起来的。该系统的基本理念是以研究生院作为教育和研究的中心,建立由领域专业群和复合专业群组成的流动型研究生教育体系,以此体系作为教育和研究的基干组织;同时,与产业界积极协作,构建周边战略研究组织,如理工科学综合研究中心、高温能量变换研究中心、尖端技术共同研究中心以及高新产业实验室等,以促进前瞻性科学研究的发展以及科研成果的社会化。名古屋大学工学部力图通过流动型教育和研究系统,将跨学科(交叉)研究与教育融为一体,构建有利于培养具有创造性素质的人才的教育和研究体制,从而成为世界上最具特色的工学教育和研究机关之一。

(二)流动型教育和研究系统的构成

为了满足工学研究和教育的高度化及多样化发展趋势,工学部在原有的系讲座基础上,向研究生院讲座发展,并且强化发展领域专业群(以发展、充实传统学术领域为基本目的)和复合专业群(以促进和贯穿多个学术领域及新学际领域的研究

67

为基本目的），同时设置将两大专业群有机结合起来的"并担讲座"体制（在领域专业群中设置，由复合专业群的教师负责管理）。上述三个基础部分构成了工学部流动型教育和研究系统的主干，与此同时，还建立了一种与周边相关研究中心群一起流动的研究体制。即在研究方面，与理工科学综合研究中心、高温能量变换研究中心、难处理人工物研究中心、尖端技术共同研究中心等合作开发，并不断将先进的研究成果在第一时间返回到工学部研究生院的教育和研究上，从而推动工学战略研究和产学共进。

（三）流动型教育系统的运作机制

为保证流动型教育和研究系统的有效运作，名古屋大学工学部建立了日本唯一的流动型研究生院体系。该体系是由领域（单一学科）专业群（由 18 个基础学科的专业组成）和复合专业群（由 7 个新的学际领域的专业组成）构成。领域专业群中 18 个专业分属于 5 个系（Ⅰ—Ⅴ系），各个专业对应于相应的基础学科；复合专业群单独构建了第Ⅵ系，开拓了通向各个学科领域的道路。流动型研究生院体系的基本特征是：由研究生院设立专任讲座和并担讲座，分别在复合专业群和领域（单一学科）专业群中设置。复合专业群的专任讲座是研究生院的基础讲座，同时作为并担讲座在领域专业群中开设。通过这种形式，将不同（交叉）学科领域的先进研究成果作为新的原理、规律引入领域专业群，以充实传统的基础学科领域。领域专业群以此为基础，不断深化本学科领域，并将所取得的成果用来充实和强化大学本科教育。就这样，通过领域专业群（纵向的）和复合专业群（横向的）共同合作，师资和研究设施的相互交流，在工学研究领域将专门性与综合性、创造性结合起来，从而有利于培养出具有复合研究能力的人才。流动型研究生院体系构成详见表 6-1。

表 6-1　流动型研究生院体系的构成

学系	学科	单一专业	复合专业
第一系	化学与生物工程学科	应用化学	物质制造工程学（跨Ⅰ、Ⅱ系）
		物质化学	
		分子化学	
		生物机能学	量子工程学（跨Ⅱ、Ⅲ系）
第二系	物理工程学科	材料机能学	晶体材料工程学（跨Ⅰ、Ⅱ、Ⅲ系）
		材料合成学	
		应用物理学	
		原子核学	

续表

学系	学科	单一专业	复合专业
第三系	电气电子与信息工程学科	电气工程学	能量理工学（跨Ⅰ、Ⅱ、Ⅲ系）
		电子学	
		电子信息学	
		信息学	
第四系	机械与航空工程学科	机械工程学	计算理工学（跨Ⅱ、Ⅲ系）
		机械信息系统学	
		电子机械学	微系统工程学（跨Ⅵ系全部专业）
		航空宇宙学	
第五系	社会与环境工程学科	土木工程学	地球环境工程学（跨Ⅰ、Ⅴ系）
		建筑学	
工学部		领域专业群	第六系
			复合专业群
		工学研究生院	

(四)流动型研究系统的运作机制

流动型研究体系主要由相关研究中心群和流动研究组两类跨学科学术研究组织构成。相关研究中心群主要包括与工学研究相关的若干综合研究中心和高新技术实验室。多数研究中心是以工学研究部为责任部门,得到工学研究部的广泛支持。工学研究部根据各个研究中心特点,尊重各个研究中心的研究方向和需求,致力于与研究中心在教育和科研上的深入合作。

(1)理工科学综合研究中心。成立于1995年,是日本国立大学中规模最大的综合研究中心。其研究课题主要集中在材料、能源、环境等与人类息息相关的三大方向上,并将它们结合起来进行综合研究和探索。该中心的研究队伍包括国内外诸多客座教授,并设置了多个附属研究部门,与校内外相关学科和研究机构进行合作。与此同时,研究中心与工学研究部、理学研究部等研究生院的组织机构合作,将最新研究成果及时、有效地反馈给教学部门,使其在教学活动上有所体现,充实了以基础知识讲授为主的教学活动。

(2)高温能量变换研究中心。于1992年设置,它以推进特定主题研究活动为目标,即通过开发利用新的高温能量变换技术,以节约资源、能量和保护地球生态环境。

(3)难处理人工物研究中心。伴随经济的发展和尖端科学技术的广泛应用,产生了大量的含有害物质的人工物和材料。因此,名古屋大学于1997年设立难处理人工物研究中心,致力于无害处理含有害物质的难处理人工物技术的研究。

(4)尖端技术共同研究中心。为了推进产学共同研究,1998年设立尖端技术共同研究中心,是日本规模最大的同类研究中心。研究中心的教师负责整个产学共同研究项目,将大学的尖端基础研究项目与企业实际需求相结合,对高新技术产业的发展起到了关键作用。这些研究项目得到产业界的积极配合,它们不但为研究中心提供财政支援,并派来客座教授直接参与研究项目。

(5)风险商业实验室(VBL—venture business laboratory)。VBL成立于1995年,它主要开展以研究生为主体的独创性和实践性教育和研究,目标是培养具有专业技术能力的创造型人才,同时开发推动产业发展的新兴科学技术。实验室的所有设施在大学内开放,并广泛吸引校内外研究人员。

流动研究组的运作模式见图3-1所示。工学研究部根据研究项目和研究经费,设立众多的流动研究组,流动研究组具有自发成长的机能。这种新的研究组充分发挥了流动型研究生院体制的特色,即在工学研究部内不断成长发展。当一个新的卫星(周边)研究组不断成长,成为核心研究组,这以后就逐渐作为研究中心,继续规范发展,旨在成为相同学科领域的世界研究基地;在此过程中,又不断有新的卫星研究组生成和成长起来。

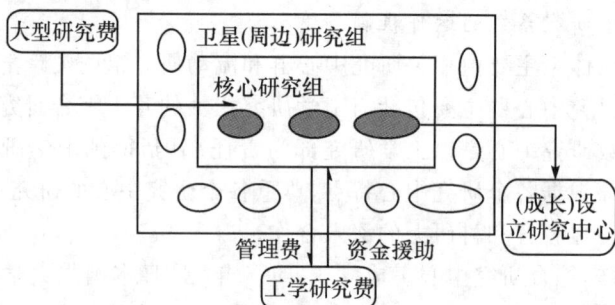

图 6-1 流动型研究组的成长模式

（五）弹性的、综合的研究生教育体系

对应跨学科学术组织体系的变革,名古屋大学工学研究生院实施了弹性的、综合的研究生教育体系,其核心内容是研究生课程体系的弹性化和综合化,将研究生院的教育科目分为主修(专业)科目和副修(专业)科目以及综合工学科目。具体形式包括:

(1)实施四年一贯制的本科教育体系。作为支撑研究生院教育的四年一贯制本科教育体系,取消了原先普通教育与专业教育的区分,废除了狭窄的专业科目制,构建了培养复合型、应用型人才的一贯制学科教育体系。从具体学科设置变化来看,废除了原有的以专业讲座为基础的纵向学科编制方式,取而代之的是建立在(工学)专业基础科目、与人文社会科学相关科目、综合工学科目和开放(选修)科目等领域之上的新"学科制"。工学部将本科教育体系的目标定位为:"重视基础科目,理解现代科学技术,培养具有创新精神和工学应用能力的技术者和研究者。"这样就将本科生教育体系与研究生教育体系衔接起来。

(2)研究生课程分为前期课程和后期课程。工学研究生院研究生前期课程的教育目标是"培养能有效运用多种工学方法,不断发展工学的人才"。研究生将入学时的专业作为主修专业(包括单一专业和复合专业),同时选修其他专业作为副修专业。通过主修、副修专业的学习,有利于专业深化和创造能力的培养;通过学习专业之外的综合工学科目,既拓展了视野,又可将多方面的知识掌握于一体。研究生后期课程的教育目标是"展望社会发展的未来,培养具有创新能力,能创造性发展工学的人才"。在充分认识社会发展需求的基础上,将创造性工学技术作为重要培养手段。在培养学生专业研究能力的同时,加强综合研究能力的训练。通过并担讲座,开设学际领域间的尖端技术研讨会、课程讲习、实验演习等项目,不断发展和深化(单一)领域专业群的教育内容。与此同时,开设高度综合的工学创造实验,让研究生们参与横向打通的工学领域内各专业的实验。具体做法是由导师指导大学科方向的研究开发,让不同专业的学生组成独立小组进行实验和讨论。为适应社会化和国际化的要求,参与后期课程的学生日趋多样化,除了前期课程修习者外,还有大量的在职者(社会人)和外国留学生。

二、名古屋大学跨学科学术组织的运作机制

Eco-topia 科学研究所是日本名古屋大学最大的综合性研究所,致力于不同学科和中心的跨学科、合作研究,以求实现以人为本的、可安心生活、美丽并可持续发展的社会。

为了实现以人为本的、可安心生活、美丽并可持续发展的社会,作为综合了自然科学与人文科学、社会科学的跨学科研究据点,Eco-topia 科学研究所于 2005 年4 月开设。以纳米技术、能源、环境再利用、信息通信等基础研究实绩为基础,推动跨越了经济学、法学、心理学等人文科学与能源学、环境学的文理综合研究。该研究所包括综合研究项目、核心研究中心(纳米材料科学、能源科学、环境研究以及信息和通信科学)、亚洲资源回收和炼油厂的跨学科研究中心,捐赠的研究中心以及联合研究中心。核心研究领域包括材料、环保、能源和信息/通信等。另一方面,综合研究项目结合了人文社会科学来进行跨学科研究。该研究所致力于促进学术、商业和政府之间的伙伴关系,通过成功的跨学科研究对日本及全球新产业形成做出贡献。

（一）Eco-topia 科学研究所的研究方向

Eco-topia 科学研究所是由 4 个研究中心不断重组综合建立的,并新增了来自名古屋大学的全职教师。这四个研究中心包括一个关于科学与工程的永久性的大型综合研究中心(CIRSE),该中心包括 23 名全职教师(以合成水晶研究实验室于 1963 年建立,在 1995 年重组为科学和工程的综合研究中心),先进能源转换研究中心(RAN,以资源和能源转换研究中心 1982 年成立,1992 年改组为高级能源转换研究中心,在 2002 年再次改组),废物和污染排放先进管理研究中心(ResCWE,成立于 1997 年),以及核材料的回收研究中心(RCNMR,成立于 2001 年)。CIRSE 旨在全面发展三个关键的、多方面的研究项目(材料、能源和环境系统),为人类的生存及创造新的基于科学的新思想。CIRSE 揭示了跨学科、灵活性、适应性和与工业界和政府之间的合作研究的基本原则,并制定了各种开创性的尝试来建立新的、与人类和自然协调的科技与技术。ResCWE 的目标是解决 21 世纪关于环境保护的各种紧迫问题。先进的科学技术产生复杂的废物,这些废物不断多元化和专业化,并且很难转换成无害物质。ResCWE 试图开发新的关于保护及将这些复杂废物转换成无害物质的技术。RAN 旨在研究并开发高效的、利用化石燃料的技术,如化学气体涡轮机的示范及低级能量的综合转换系统的发展。RCNMR 主要研究不可或缺的量子能量(核能源),这对人类可持续发展很重要,对全球的环境负担较小。RCNMR 旨在完善核燃料材料的循环系统,包括分析、测量、分类、回收及对放射性物质的有效利用。

名古屋大学整合了这四个中心,这四个中心独立完成各自的任务,这一任务就是建立环境友好的可持续发展的 21 世纪。新的研究所就是"Eco-topia 科学",是综合了自然科学、人文和社会科学的跨学科科学。因此,来自自然科学、人文和社会科学的全职教师加入了该研究所的综合研究项目部门。名古屋大学的各个院系的全职教师、灵活和适应性强的教师们加入该研究所,包括工程研究生院、医学研究生院、科学研究生院、信息科学研究生院、生物农业科学研究生院、环境研究生院、经济学研究生院、法律研究生院、教育和人类发展研究生院、环境医学研究所及健康、体育健身和体育研究中心。该研究所是名古屋大学最大的研究机构,是跨部门、跨学科的开放和合作研究的大本营。此外,该研究所与企业及其他大学和研究所合作,以建立一个"Eco-topia 科学"的综合性学术领域。Eco-topia 科学研究所致力于在 21 世纪实现 Eco-topia,并努力培养实现这些目标的人才。

（二）Eco-topia 科学研究所的研究项目

Eco-topia 科学研究所是基于问题的、战略的研究所,进行一些核心研究,包括纳米材料、能源、环保回收、信息和通信。该研究所重点关注通过三个综合项目来解决目标问题,这些项目由来自研究内部和外部的自然、文化和社会科学方面的研究人员共同合作完成。

主题1:人类系统项目。该项目旨在高度综合三个主要研究,即生物材料(BM1)、生物机械(BM2)和生物医学(BM3),作为"3BM"。这样可以促进建立先进的医疗保健和机械设备,实现安全、舒适的可持续发展的社会。

主题2:能源系统项目。这个项目由几个研究小组根据关键词来组织,旨在构建未使用的、没有充足运用的能源利用和转换系统,以建立社会能源系统,例如回收废气、废物和生物转换的能量、风能利用系统以及节能型社会评价。

主题3:生态学和生态系统项目。这个项目旨在通过开发并评估废物回收和循环再生程序、评估并利用关系生物圈内循环、监督管理社会经济系统的功能,以此来设计建立生态系统内的人类共存社会。

(三)跨学科研究部门的构成

Eco-topia 科学研究所由核心研究部门、综合研究项目、捐助研究部门和联合研究部门组成。核心研究部门,包括纳米材料科学、能源科学、环境研究、信息与通信科学。核心研究部包括学术研究领域的研究,CIRCE、RAN、ResCWE 和 RC-NMR 各自的学术研究领域中的研究,并通过重组教师来促进知识和技术之间的转换,以推动和建立研究和教育。这些活动培养了大学内部和外部研究员参与综合研究项目,包括纳米材料科学,能源科学,环境研究,信息和通信科学。综合研究项目部门,主要涉及跨学科研究,通过内外部自然科学、人文和社会科学研究人员之间的合作来完成。这是争取创建新的跨学科研究领域、学术制度。包括人类系统项目,能源系统项目,生态与生态系统项目。联合研究部门,包括高压电子显微镜实验室,合作研究的先进科学和技术中心,联合研究实验室。以及捐助的研究部门,如能源系统(中部电力)项目。

第二节　筑波大学的跨学科学术组织

筑波大学前身是日本东京教育大学,当时是按照学部制度设置了文学、理学、农学、教育学、体育5个学部和一个光学研究所。1961年日本政府提出建立筑波大学城的构想,并于1970年被日本内阁会议讨论通过,1973年日本国会通过了《筑波大学法案》,一所新型的、具有崭新的时代精神"新干线大学"应运而生。筑波大学从建立之初就努力向世界一流大学看齐,在继承东京教育大学的优良传统的基础上,对本身的教育组织和研究组织进行了彻底的革新,大胆突破日本大学传统模式,抛弃学部制和讲座制,打破学科之间的坚实壁垒,加强学科间的相互联系,实行跨学科教学和研究。

一、筑波大学的大学学术组织结构模式

为了改革学部制和讲座制的种种弊端，筑波大学重新设计了教学研究组织制度，即"学群·学类"制度，彻底改革了传统的学部讲座制度，使"学群·学类"制度成为筑波大学的一个独具特色的大学组织模式。

（一）2007 年 4 月学群再编前的学群制度

筑波大学的本科阶段的教育再编之前是通过学群·学院实行的。学群是以中心性专业领域为基础，从广泛的视野综合几个学问领域而构成的，从教育角度考虑奠定将来发展的基础。2007 年 4 月重编前一共有 7 个学群，包括第一学群、第二学群、第三学群以及医学、体育、艺术、图书馆信息 4 个专业学群。第一学群、第二学群、第三学群下面分别设立几个学院，以此作为负责学生基础教育的机构，同时制定各学群和专业学群的入学选拔方针（准许进入政策）。具体设置可参见表 6-2。第一学群为基础学群，担任全校基础课的教学；第二学群为文化·生物学群，是跨学科的学群；第三学群为经营·工程学群，这是新的构想和尖端科学组成的学群。4 个专业学群中的图书馆信息专业学群是 2002 年 10 月伴随着图书馆信息大学和筑波大学的合并新成立的专业学群。图书馆信息专业学群通过融合了有关图书馆信息学的知识和技术、理论和应用的学校教育课程，培养在高度信息化社会关乎信息流通和信息提供的人才。体育学群目标是活用有关体育·健康的最新科学研究成果的同时，培养具有出色的运动技能、丰富的运动经验以及富有保健体育综合知识的指导力和活力的人性化指导者。艺术专业群于 1975 年设立，和其他的艺术类大学不同，具有作为专业教育在综合大学中占有一席之地这一特色，并且以培养具有广阔视野、灵活多变、充满活力的艺术家作为目标。

表 6-2　筑波大学 2007 年 4 月学群再编前的学群制度

学　群	学　院	主攻专业
第一学群	人文学院	历史学、考古学·民俗学、语言学社会学院
	社会学院	社会学、法学、政治学、经济学自然学院
	自然学院	数学、物理学、化学、地球科学
第二学群	比较文化学院	文学、地域、思想
	日语日本文化学院	日语·日本文化学
	人类学院	教育学、心理学、身心障碍学
	生物学院	生物学基础、生物学应用
	生物资源学院	生物资源生产科学、生物资源机能科学

续表

学　群	学　院	主攻专业
第三学群	社会工学院	社会经济、经营工学、都市计划
	国际综合学院	国际关系学、国际开发学
	信息学院	信息科学、信息系统、智能信息媒体
	工学系统学院	智能工学系统、机能工学系统、环境开发工学、能源工学
	工学基础学院	应用物理、电子·量子工学、物性工学、物质·分子工学
专业学群	医学院	医学、新医学
	护理·医疗科学学院	护理学、医疗科学
	体育专业学群	健康·体育教育、健康·体育经营、体育教练学
	艺术专业学群	艺术学、美术、构成、设计
	图书馆信息专业学群	图书馆信息管理、图书馆信息处理

（二）2007 年 4 月学群再编后的学群制度

为了适应学科的发展和社会对人才培养的需要，筑波大学在 2007 年 4 月公布了新的"学群·学类"制度，对于之前的学群制度进行了修订再编，并于 2008 年开始实施。具体学群设置和专业变换情况详见表 6-3。

表 6-3　筑波大学 2007 年 4 月学群再编后的学群制度

学群	学院	主攻专业或课程
人文·文化学群	人文学类	哲学、历史学、考古学·民俗学、语言学
	比较文化学类	文学、地域、思想
	日本语·日本文化学类	现代文化·公共政策、文艺·语言
社会·国际学群	社会学类	社会学、法学、政治学、经济学
	国际综合学类	国际关系学、国际开发学
人间学群	教育学类	人间形成、学校教育开发、教育规划·设计、地域·国际教育四个系列
	心理学类	实验心理学、教育心理学、发展心理学、社会心理学、临床心理学 5 个研究领域
	障碍科学类	障碍科学、特别支援教育等

续表

学群	学院	主攻专业或课程
生命环境学群	生物学类	分子细胞学、应用生物学、人类生物学
	生物资源学类	生物资源生产科学、生物资源机能科学
	地球学类	地球环境学、地球进化学
理工学群	数学类	代数学、几何学、解析学、信息数学
	物理学类	物理学
	化学类	无机化学、无机物理化学、生物无机化学、有机物理化学、物理化学、超分子化学、有机合成化学等
	应用理工学类	应用物理、电子·量子工学、物性工学、物质分子工学
	工学系统学类	智能工学系统、机能工学系统、环境开发工学、能源工学
	社会工学类	社会经济、经营工学、都市计划
信息学群	信息科学类	信息科学、信息系统、智能信息媒体
	信息媒介创成学类	信息媒介创成学
	知识信息·图书馆学类	信息科学、图书馆信息管理、图书馆信息处理
医学群	医学类	医学、新医学
	护学类	护理学
	医疗科学类	医疗科学
体育专业学群		健康·体育教育、健康·体育经营、体育教练学
艺术专业学群		艺术学、美术、构成、设计

从表6-3可知,筑波大学学群数量已经从过去的 7 个增加到 9 个,原来的第一、第二、第三学群已经重新编制组合为人文·文化学群、社会·国际学群、人间学群、生命环境学群、理工学群和情报学群共六个学群,之前的 4 个专业学群经过再编之后只保留了体育专业学群和艺术专业学群,而将医学专业学群改为医学群,取消了其专业学群的性质,而与其他 6 个学群并列。这次再编将图书馆信息专业学群降低为情报学群中的一个学类,与此同时,又将人文、社会等学科提升为学群,并把数学、物理、化学等一些专业提升为学类,扩展了学群和学类的容量与内涵,这次

再编一方面增强了学群的综合性,另一方面也使得学群的编制更符合科学发展的现状,在综合的基础上更加专业化,适应了大学跨学科学术组织发展的要求。

二、筑波大学的跨学科学术组织模式

就大学跨学科学术组织的模式而言,筑波大学主要包括跨学科中心和跨学科课题组等形式。

（一）跨学科中心（5 个）

筑波大学高等研究联盟中心　　　　　下田海洋生物研究中心

知识交流研究中心　　　　　　　　　筑波大学跨学科材料科学研究中心

特别支持教育研究中心

（二）跨学科课题组（3 个）

新国际系统研究课课组　　　　　　　代谢研究课题组

循环器官的生物系统课题组

三、筑波大学跨学科学术组织的运作机制

筑波大学的跨学科材料科学研究中心是其最负盛名的跨学科研究中心之一。筑波大学跨学科材料科学研究中心于 2003 年 4 月成立,它是基于 2000 年诺贝尔化学奖获得者白川英树教授的工作成绩基础而建立的。正如白川英树教授关于聚乙炔的研究所显示的,大多数新的突破来自跨学科研究领域。该中心的使命是建立未来导向的功能材料组,通过工程和科学的合作和整合,在材料科学方面为跨学科研究进行创新,为社会带来研究成果。基于中长期目标的跨学科研究可能出现新的发现和新概念、新材料和新体制的发展,该中心正是为了提供这样的跨学科研究机会而设立。中心的研究组织包括 5 个研究中心,10 名全职学者,分属于理论和应用科学研究所的四个研究院（材料科学、应用物理、化学和物理）,主持各个领域的跨学科研究。这些领域包括高能高聚物合成、构建高能高分子的新分子转变方法创建、新生物材料（在生理环境下可工作的材料）的设计、纳米级硅表面结构的构建和评估技术的发展以及纳米结构导体新定量现象的研究和控制。

第三节　日本高校跨学科学术组织的典型特征

日本大学从独立学科向学科会聚模式过渡一般经过四个阶段,即独立学科模型 1,强调在学科内部沟通和专业领域内部学习;独立学科模型 2,采用多学科模式,是不同学科之间的简单合作;学科会聚模型 3,强调跨学科之间的沟通和知识分享；学科会聚模型4，强调交叉学科模式，构建跨学科之间的共同知识概念和标准，并产生新的学科领域。具体如表6-4所示。从整体来看，日本高校的跨学科学术组织正在从独立学科模式（模型1和模型2）向学科会聚模式（模型3和模型4）转变。日本高校的跨学科学术组织模式的典型特征是创新学习模式，其早期以学习欧洲模式为主，20世纪90年代以后不断向美国模式学习。但是，日本高校并不是简单的照搬欧洲模式或美国模式，而是结合日本的国情和产业经济发展特色，在大学学术组织再造方面做出了重大创新和变革。

表6-4　独立学科—学科会聚的分类模式与特征

学科类型	分类模式	沟通模式与范围	基本特征
独立学科	模型1	学科内部沟通，专业领域学习	以学科为基础，在基础研究和应用研究之间有显著差异，个体知识模式，以固有的、本地化的同行评价方式进行质量控制
	模型2	多学科模式，学科之间沟通，不同学科之间的简单合作	以团队为基础，学科是相对封闭的，在大学内部有一些跨学院之间的知识共享与交流
学科会聚	模型4	交叉学科模式，学科之间沟通，跨学院乃至跨大学之间的共同知识概念和标准的分享	以团队为基础，团队成员需要分享共同的知识语言与标准，团队成员不仅来自科学和技术领域，还包括企业界、政府、非政府组织领域的成员等
	模型3	跨学科模式，跨学科之间的沟通，跨越大学，乃至跨越大洲的知识分享	完全应用研究领域，异质化团队，强调社会责任和自我反思，以市场接受度和同行评议进行质量控制，不同语言、文化背景、民族的团队成员之间的沟通，时常会遇到文化、伦理和政治障碍

资料来源：Michael Gibbon 等（1994）和 A. Ertas（2000）

根据日本高校近20年来跨学科学术组织改革和发展的趋势与成果，笔者总结了日本高校跨学科学术组织变革的基本特征：

（一）在原有大学学术组织基础上，建立充分的学科交叉体系

强调学术组织创新，构建了大学学群、学类、跨系、跨学科的复合专业群等新型学术组织，实行并担讲座、讲座讲授等跨学科团队领导模式，将不同学科领域内的领域专业群（纵向）和复合专业群（横向）有机结合起来。这种学科交叉体系既为大学生打下了深厚的专业基础，又培养了大学生综合研究能力。

（二）形成了严密而灵活的跨学科学术组织运作机制

严密而灵活的跨学科学术组织运作机制是日本大学跨学科研究和教育得以顺利进行的有效保障。通过流动型研究组、相关研究中心群和弹性的、综合的研究生教育体系构成了一体化教育和研究系统，将跨学科教育与研究有机融为一体，在跨学科研究中实现了综合教育和创造教育。

（三）与产业界密切合作，积极推动官产学共进

日本大学跨学科学术组织变革在施行过程中，充分适应社会化发展的需要，与产业界通力合作，一方面为产业界提供尖端先进技术和专业化培训（如研究生后期课程），另一方面，也得到产业界的财政和人员（如客座教授）支持，共同从事综合研究和开发，实现了产学互促共进。

第七章　中国高校跨学科研究引发的大学学术组织变革

我国的跨学科研究起步于 20 世纪 50 年代,蓬勃兴起于 20 世纪 80 年代前期。在我国,一般将跨学科研究称为交叉科学研究。我国跨学科研究的开展,主要是以国家政府组织的重大科研项目形式进行,一般是指在国家科研计划中意义重大、规模庞大、耗资巨大、涉及学科面广、研究周期长的科研项目。在已从事的跨学科研究活动中,呈现出如下特点:一是政府的作用占据主导地位;二是跨学科研究同交叉学科建设同步进行;三是充分发挥跨学科研究的科学功能与社会功能。从大学跨学科研究活动来说,主要是以接受国家自然科学基金或重点科研课题等跨学科科研项目的形式出现,同时重视交叉学科建设。

20 世纪 90 年代以来,我国高等教育开始进行新一轮的结构调整,这次调整是以"共建、调整、合作、合并"为手段,以发展综合性大学为基本特征,从而为我国大学进行学科结构调整和深入开展跨学科(交叉科学)研究带来了新的契机。由于高校在开展重大科研项目方面具有独特的优势,因此,高校一直是我国科研(包括跨学科研究)的主力军,基本上承担了我国重大科研项目的 70%。在我国能够从事跨学科研究的大学一般都是综合性和研究型大学,主要是承担国家自然科学基金项目或国家(如 863 计划)、部委重点科研项目。从 2000 年国家自然科学基金受理项目可以看出,申请项目超过 250 项的单位有 10 个,其中包括浙江大学(754 项)、清华大学(458 项)、上海交通大学(318 项)、华中理工大学(276)、中国科技大学(266 项)、北京大学(257 项),均为国家重点研究型大学。因此,本书仅选取重点研究型大学作为考察对象来说明我国大学跨学科研究的基本模式。总的来说,我国大学跨学科研究的模式可以分为三类。

一、依托国家(教育部)重点实验室模式

到 20 世纪 90 年代末,我国高校共建成 88 个国家重点实验室,55 个教育部重点实验室。这些实验室多数承担国家级(教育部)的重大科研项目,这类科研项目大都是直接面向社会经济发展需要的跨学科科研课题,因此,设有国家(教育部)重

点实验室的研究型大学基本都依托国家(教育部)重点实验室开展跨学科研究。

一般来说,我国规模较大的综合性研究型大学都采用学院制结构,即"校—院—系—专业教研室"型的学术组织结构。国家(教育部)重点实验室多数放在学院或学系一级,通常是以某一个专业学院或学系为龙头,进行管理和建设;同时,根据科研项目或课题情况,组织相关学院或学系参与。以清华大学为例说明,清华大学拥有16个国家重点实验室,9个教育部重点实验室,分别设在5个学院,18个学系当中。具体设置如下:

(一)机械工程学院

(1)国家重点实验室(5个)

精仪系所属重点实验室(2个)

  * 摩擦学国家重点实验室

  * 精密测试技术及仪器国家重点实验室

热能系所属国家重点实验室(2个)

  * 煤的清洁与燃烧技术国家重点实验室

  * 电力系统及大型发电设备安全控制和仿真国家重点实验室(同属电机工程与应用电子系)

汽车系所属国家重点实验室(1个)

  * 汽车安全与节能国家重点实验室

(2)教育部重点实验室(1个)

工程力学系

  * 破坏力学国家教育部重点实验室

(二)信息技术学院

(1)国家重点实验室(10个)

电子工程系所属国家重点实验室(3个)

  * 微波与数字通信技术国家重点实验室

  * 集成光电子学联合国家重点实验室(清华大学实验区)

  * 智能技术与系统国家重点实验室(智能图形图像分室)

计算机科学与技术系(1个)

  * 智能技术与系统国家重点实验室

自动化系所属国家重点实验室(1个)

  * 智能技术与系统国家实验室(智能信息处理分室)

环境科学与工程系所属国家重点实验室(1个)

  * 环境模拟与污染控制联合国家重点实验室(清华分室)

工程物理系所属国家重点实验室(1个)

＊粒子技术与辐射成像国家重点实验室

化学工程系所属国家重点实验室(1个)

＊化学工程联合国家重点实验室(萃取分离分室)

材料科学与工程系：

材料科学与工程系所属国家重点实验室(2个)

＊摩擦学国家重点实验室(摩擦材料分室)

＊新型陶瓷与精细工艺国家重点实验室

(2)教育部重点实验室(1个)

材料科学与工程系所属教育部重点实验室(1个)

＊先进材料教育部重点实验室

(三)理学院：

(1)国家重点实验室(4个)

＊一碳化工国家重点实验室(清华分室)

＊摩擦学国家重点实验室(摩擦化学分室)

＊生物膜与膜生物工程国家重点实验室(膜生物物理分室)

＊原子分子测控科学研究中心

(2)教育部重点实验室(4个)

＊生命有机磷化学教育部重点实验室

＊单原子分子测控教育部重点实验室

＊蛋白质科学教育部重点实验室

＊量子信息与测量教育部重点实验室

(四)土木水利学院

(1)国家重点实验室(1个)

＊高坝大型结构国家重点实验室

(2)教育部重点实验室(2个)

＊水沙科学教育部重点实验室

＊结构工程与振动教育部重点实验室

(由土木工程系、水利水电工程系、工程力学系等分实验室组成)

(五)核能技术设计研究院

教育部重点实验室(1个)

＊先进反应堆工程与安全教育部重点实验室

二、跨系、跨学科研究中心或研究所模式

这类跨学科研究组织又可以分为国家级和校级研究中心或研究所。前者最常见的就是国家工程研究中心;后者则包括各个学校的各类形式的跨系、跨学科研究中心或研究所。例如,清华大学共有 4 个国家工程研究中心,它们分别是光盘国家工程研究中心(精仪系)、煤燃烧工程研究中心(热能系)、CIMS 工程技术研究中心(自动化系)和国家 CAD 支撑软件工程研究中心(计算机科学与技术系)。南京大学设有 57 个校级跨学科研究中心,其中多数是跨系、跨学院设置,还包括一些与校外单位合作的研究机构。如海洋科学研究中心,是跨城市与资源学系、生物科学与技术系和环境学院两系一院设立的;材料科学研究中心是跨物理学系、地球科学系、材料科学与工程系和化学化工学院三系一院建立的;石油和天然气研究中心则是地球科学系与国家石油部合作的跨学科研究机构。

三、独立设置的跨学科(交叉)研究中心模式

这是一种新型的大学跨学科研究模式,它是跨系、跨学科独立设置的科研实体,主要是针对某一主题领域(大型交叉研究课题)的科学研究,一般由研究中心统一调度,相关学院或学系联合参与进行。

笔者以浙江大学微系统研究与开发中心为例说明。浙江大学微系统研究与开发中心于 2000 年 4 月成立,它是浙江大学第一个独立设置的多学科交叉中心,已列入学校的重点建设计划。目前,浙江大学 20 个学院中已参与微系统中心研究项目的学院有 6 个,即理学院、机械与能源工程学院、材料与化学工程学院、信息科学与工程学院、生物医学工程和仪器科学学院和电机学院。系统研究与开发中心基本上是一个横跨多门学科的,以校内现有研究和工作为基础,自愿参加群体为主体的研发机构。它的功能是以国家在微系统领域的发展目标及社会实际需求制定相关的研究与发展计划,组织跨学科的学术交流活动与项目合作,积极争取国家重大计划,重大基金项目和其他项目,争取社会资金和有效的合作伙伴,有重点地开展理论研究和开发可供军需民用的微系统。下面列出参与微系统研究的研究群体和研究领域:

* 机械系——研究领域:精密工程,数控技术,设备自动化
* 光电系——研究领域:二元光学微结构—红外混合光学,衍折二元光学器,
激光直写系统等微光学及技术—微透镜及其阵列,微透镜及柱
阵列,微光学系统微光机电系统—光开关,光纤微系统
* 高分子化学系——研究领域:湿敏材料,发光材料,涂料
* 化学系——研究领域:微化学分析
* 生医系——研究领域:生物微传感器,肠道肿瘤检测与药物治疗的微型机
器人
* 信电系——研究领域:微机电系统,全光通讯网络的关键器件

　　＊物理系——研究领域：理论物理，凝聚态物理

　　＊国家光学仪器工程技术中心（微细加工实验基地）——研究领域：微传感器，
　　　微光仪器械，微电子芯片设计与加工

　　＊材料系——研究领域：半导体低温外延技术

　　以上三类模式，是目前我国大学从事跨学科研究的基本模式。这些模式的组织结构和具体运作机制都与各大学的传统学术组织模式息息相关，在下一节中我们将详细讨论。

第一节　清华大学跨学科学术组织

　　清华大学（Tsinghua University）是中国著名高等学府，前身是清华学堂，成立于 1911 年，当初是清政府建立的留美预备学校。目前，清华大学设有 14 个学院，56 个系，已成为一所具有理学、工学、文学、艺术学、历史学、哲学、经济学、管理学、法学、教育学和医学等学科的综合性、研究型大学。今天，清华人继承"爱国、奉献"的优良传统，秉承"自强不息、厚德载物"的校训、"行胜于言"的校风以及"严谨、勤奋、求实、创新"的学风，为使清华大学跻身世界一流大学行列，越来越多的不同学术领域的教师和学生一起从事教学科研工作，他们跨越了传统学系和学院的界限建立了各种各样的跨学科中心、实验室以及跨学科研究所等跨学科组织。

一、清华大学跨学科学术组织现状

　　根据清华大学官方网站提供的资料，其目前的跨系、跨学科组织共有 27 个。其特色是行政主导，官产学研合作，部分实体化运作，侧重跨学科研究。清华大学的跨学科学术组织的基本情况如下：

（一）跨学科实验室（12 个）

清华信息科学与技术国家实验室

汽车安全与节能国家重点实验室

量子信息与测量教育部重点实验室

蛋白质科学教育部重点实验室

传热强化与过程节能教育部重点实验室

先进反应堆工程与安全教育部重点实验室

有机光电子及分子工程教育部重点实验室

生命有机磷及化学生物学教育部重点实验室

摩擦学国家重点实验室

结构工程与振动教育部重点实验室

生物信息学教育部重点实验室

先进成形制造教育部重点实验室

(二)跨学科研究中心(10 个)

清华大学高等研究中心

清华大学周培源应用数学研究中心

跨学科艾滋病综合研究中心

光盘系统应用技术国家工程研究中心

国家计算机集成制造系统(CIMS)工程研究中心

工业锅炉及民用煤清洁燃烧国家工程研究中心

国家企业信息化应用支撑软件工程研究中心

清华大学艺术与科学研究中心

清华—富士康纳米科技研究中心

生物芯片北京国家工程研究中心

(三)跨学科研究院(5 个)

清华大学 21 世纪发展研究院

浙江清华长三角研究院

清华大学国际工程项目管理研究院

清华大学信息技术研究院

清华大学核能与新能源技术研究院

二、清华大学跨学科学术组织的运作机制

　　清华大学跨学科学术组织运行机制的基本特征是侧重跨学科研究,强调行政主导和官产学结合,部分跨学科学术组织形成了实体化运作机构。下面我们以清华大学信息技术研究院和 21 世纪发展研究院为例予以详细说明。

　　案例 7-1　清华大学信息技术研究院

　　清华大学信息技术研究院(以下简称:信研院)是清华大学信息学科群的技术创新基地,人才引进渠道和产业发展源头。其组建于 2003 年,由七个技术研究中心以及多个与海内外企业合作成立的联合研发机构组成,具体包括无线与移动通信技术研究中心、微处理器与片上系统技术研究中心、数字电视技术研究中心、操作系统与中间件技术研究中心、WEB 与软件技术研究中心、语音和语言技术研究中心、未来信息技术研究中心。信研院自成立至今,始终明确"1—2—3"的目标与定位。"1"即一个目标:紧紧围绕清华大学建设世界一流大学的战略目标;"2"即二个面向：面向国家利益需求、面向产业进步需要；"3"即三个作用：作为清华大学的技术创新基地、人才引进渠道和产业发展源头，积极探索人事、项目、知识产权等方面的有效管理机制，形成能够协作攻关的跨学科创新团队，力争成为信息科技研发和产业化发展的重大项目或工程平台。

(一)信研院的研究方向

①数字电视技术研究中心的目标是以数字电视传输技术及数字电视相关设备的产业化为应用背景，充分利用国际合作环境和信息学院在多学科交叉方面的综合优势，承担国家及企业的重大研究项目，重点突破地面数字电视传输标准和系统集成技术。与数字电视技术研究中心相关的学科领域包括：通信技术、射频技术、微电子技术、软件技术、微组装技术、显示技术等。

②微处理器与片上系统技术研究中心是由清华大学计算机科学与技术系、微电子研究所等单位联合成立的，面向微处理器研究、开发和应用的实体。微处理器的研究与开发涉及计算机软件、硬件、VLSI 等领域，需要软硬件协同设计，计算机系统结构、编译技术、操作系统和集成电路设计等多方面技术的融合。清华大学与本中心相关的学科主要有计算机系统结构、计算机软件、计算机应用、微电子技术、电子工程等。研究中心目前承担国家 863、自然科学基金、985 和 211 工程等多个国家级科研项目，与国内外许多著名学术机构、IC 设计和 EDA 公司保持着密切合作关系。

③未来信息技术(FIT)研究中心以酝酿信息领域多学科合作的重大项目为宗旨，是信研院服务于信息学院学科建设和信研院技术创新储备的平台，前身是李衍达院士倡导成立的信息学院学科交叉实验室。结合学科交叉的优势，信研院建院之初就设立了 FIT 基金，每年面对信息学院各直属单位公开征集、组织协调以学科交叉和技术创新为特点的研究项目，并对获选项目给予适当支持，进行学科交叉和项目孵化。自 2003 年以来，FIT 基金已支持学科交叉项目 15 项，包括：智能交通、智能家居、数字多媒体、电子政务、汽车电子、信息安全、低成本电子扫描天线的研究、可信服务测评架构及关键技术研究等项目。

④线与移动通信技术研究中心将清华大学的综合学科优势与满足国家迫切需要相结合，研究开发无线传输技术，将核心技术通过片上系统技术实现，最后完成具有自主知识产权的、可批量生产的系统设备。研究中心立足自主研发和开展广泛合作相结合，与国际一流研究机构和公司合作，研究开发支持 GSM、GPRS、WC-DMA、TD-SCDMA 和 WLAN 等标准的多模移动通信终端专用芯片，并提供完整的系统解决方案；研究开发支持移动通信网与无线局域网无缝漫游的无线通信集成系统。

⑤操作系统与中间件技术研究中心的宗旨是开展以支持下一代因特网应用的

新型网络操作系统与中间件技术为主要方向的研究。研究中心的基础与应用技术研究涉及的主要学科领域包括操作系统、程序语言、中间件、计算机体系结构、编译器等，在应用领域涉及无线通信、数字电视、网络技术、浏览器、多媒体、工业自动化等。

⑥WEB与软件技术研究中心的主要研发领域包括：大型信息系统的测试技术，软件测试工具研究；网络环境下的海量数字媒体管理平台；Web服务和语义Web，Java技术、XML技术和构件库等技术。目前承担国家科技攻关项目、国家973项目、自然科学基金等多个国家级的科研项目，注重学科的交叉和集成，积极开展与国内外机构和企业的研发合作。

⑦语音和语言技术中心面向语音和语言处理技术领域，以语音识别、说话人识别、语言理解为主要研究方向，从整体着眼，优化资源配置，有效分配人力，合理安排分工，通过探索和建立有效的"产学研"模式，研发具有自主知识产权的技术和应用，推动应用基础研究和技术创新。

（二）信研院的运行机制

信研院围绕着整体发展目标和"两个平台"建设的定位，坚持以人为本，强化团队组织模式，努力建设具有一流技术创新能力的科研队伍和一流质量服务水平的管理队伍。在人才队伍建设方面，信研院坚持以面向国家需求和产业发展的重大科研项目为驱动，以技术研究中心为依托，进行团队建设，结合各单位自身的长期发展要求，充分重视制定队伍建设的规划，强化岗位意识，进一步促进人员的流动，合理配置各种编制人力资源。针对目前人员构成的特点，积极探索改进评价机制，建立和完善符合团队攻关特点的激励机制，形成了薪酬管理体系，努力解决各单位影响发展的突出矛盾，调动了广大教师的积极性，进一步促进了团队的和谐发展。在人才引进和毕业生留校方面，坚持国内外引进人才与自身培养人才相结合，注意与现有团队的融合，并强化竞争机制，努力形成信息技术领域的人才高地。在专业技术职务聘任方面，坚持"按需设岗、公开招聘、平等竞争、择优聘任、严格考核"的聘任原则，目前，事编人员中具有正高级职称的有17人，副高级职称的有21人。在青年骨干培养方面，坚持加强梯队建设，注意培养青年骨干，致力于进一步提升青年骨干的科研水平，培育合作精神和坚持严谨求实的学风，积极选拔青年骨干进入管理岗位，促进青年骨干人才的全面成长。截至2008年底，我院在编人员共计145人，其中事业编制人员43人，博士后6人，企业编制人员和合同制人员96人。另有兼职研究员6人，校内外兼职人员94人。本院科研队伍人员构成具体情况参见其网站"科研队伍－人员构成"，此外未列入的近百名非事编工程人员中，具有大学本科以上学历人员占到85％以上，其中博士和硕士学历人员比例接近40％，目前具有高级职称人员3人。

（三）信研院的学术与产学研合作成果

建院以来,信研院的重大科研成果主要包括 32 位高性能嵌入式 CPU-自强 107、第三代移动通信系统无线接口测试设备、基于构件和中间件技术的新一代嵌入式网络操作系统、地面数字多媒体/电视广播传输协议（DMB-T）和数模彩电等。其中,"中国第三代移动通信系统"项目,获国家科学技术进步二等奖;与电子系合作完成的"时域同步正交频分复用数字传输技术（TDS-OFDM）"项目,2005 年获国家技术发明二等奖;与计算机系合作完成的"高性能集群计算机与海量存储系统"项目,获国家科学技术进步二等奖。2008 年获国内授权发明专利 12 项,申请国家发明专利 35 项,人均申请专利 0.8 项。到目前为止,信研院已有 75 项发明专利通过多种形式面向企业推广,其中 19 项发明专利已作为知识产权成果转让,科研成果重点推广项目 23 项。

案例 7-2　清华大学 21 世纪发展研究院

清华大学于 1996 年 3 月设立 21 世纪发展研究院,旨在发挥清华大学学科综合交叉的优势,围绕国家改革与发展中的重大宏观性、战略性和前瞻性问题,组织开展系统性的发展战略和政策研究。成立以来,研究院始终按照"依托清华、面向社会、服务国家"的发展宗旨和"小实体、大联合"的办院方针,"急国家之所急,想国家之所想",从国家现实需求和长远利益出发,大胆探索,不断创新,致力于为国家改革与发展事业提供战略研究和决策支持。依托清华大学"985"重大软科学研究专项,研究院近年来在水资源管理、制造业战略、国家创新系统、城市智能交通等方向跨院系组织开展了 10 余项重大战略研究,内容涉及经济、管理、教育、科技、资源环境、技术政策等十多个学科领域,体现出鲜明的跨学科特点。这些重大项目的课题组均由来自经管学院、机械学院、核研院、人文学院、建筑学院、法学院等不同院系的研究人员构成。已开展的重大软科学研究项目如下:

- 黄河断流趋势、影响及其对策研究
- 中国制造业发展战略研究
- 高等院校在国家创新系统中的作用研究
- 我国中长期能源可持续发展战略研究
- 宏观经济计量模型及政策研究
- 我国电子商务发展战略研究
- 大城市可持续发展的交通运输系统研究
- 高等教育发展与建设世界一流大学研究
- 环境保护公众参与制度研究
- 我国普通高校培养国家级优秀学生运动员的实验研究

● 环境经济与环境法创新研究

（一）21世纪发展研究院的组织机构

21世纪发展研究院采取"小实体、大联合"的组织体制，广泛联合校内外、国内外有关单位，综合学科交叉优势，开展跨学科的发展战略研究。研究院设院务委员会、学术委员会、综合研究部及若干专设研究中心和跨院系研究机构及课题组，见图7-1。

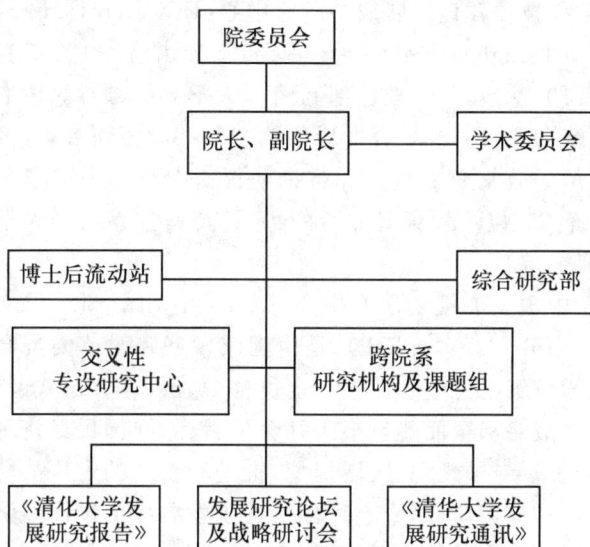

```
                    ┌──────────┐
                    │  院委员会  │
                    └────┬─────┘
                         │
        ┌────────────────┴──┐        ┌──────────┐
        │   院长、副院长      │────────│  学术委员会 │
        └────────┬──────────┘        └──────────┘
                 │
    ┌──────────┐ │                   ┌──────────┐
    │ 博士后流动站 │─┼───────────────────│  综合研究部 │
    └──────────┘ │                   └──────────┘
                 │
    ┌──────────┐ │   ┌──────────┐
    │  交叉性   │─┴───│  跨院系   │
    │ 专设研究中心│     │研究机构及课题组│
    └─────┬────┘     └────┬─────┘
          │               │
  ┌──────────┐ ┌──────────┐ ┌──────────┐
  │《清化大学发 │ │发展研究论坛│ │《清华大学发│
  │ 展研究报告》│ │及战略研讨会│ │展研究通讯》│
  └──────────┘ └──────────┘ └──────────┘
```

图 7-1　21世纪发展研究院的组织机构图

（二）21世纪发展研究院的组织运作模式

在科研机构建设方面，21世纪发展研究院以"小实体、大联合"的方式，与国家各部门、地方政府、国外机构及校内其他院系合作建立了若干高层次、交叉性研究中心。其中较具代表性的有：

（1）中国科学院－清华大学国情研究中心（Center for China Study，CCS），前身为中国科学院国情研究中心。2000年，中国科学院与清华大学签署合作协议，成立中国科学院－清华大学国情研究中心，由著名国情专家胡鞍钢教授担任中心主任。中心理念为：与中国发展同行，与中国开放相伴，与中国变革俱进，与中国兴盛共存。成立以来，先后参与多项国家重大决策研究与建议工作，很多研究成果被国家参考或采纳。出版的《国情报告》系列已成为中央和地方政府决策的重要参考资料。在胡鞍钢教授的带领下，该中心已经初步成为国家高层决策的科学思想库和在国内外具有重要影响的发展战略与政策研究中心。

（2）清华大学中国科学技术政策研究中心（China Institute for Science and

Technology Policy at Tsinghua University，CISTP)是 2003 年由国家科学技术部与清华大学联合成立的科技政策与发展战略研究机构。中心定位为"高起点、宽视野、前瞻性、国际化"，围绕科教兴国战略、可持续发展战略和国家长远发展目标，在国际科技发展趋势、国家科技发展战略及相关公共政策领域开展理论和应用研究，目标是逐步发展成为在科技发展战略和政策领域，为国家及相关部委提供决策咨询及政策建议的世界一流研究基地和思想库。

(3)清华大学科技—教育发展战略研究中心(Research Center for Science and Education Policy，Tsinghua University)是 2005 年由清华大学校务委员会批准设立的教育部战略研究基地，接受教育部和清华大学共同领导。中心的主要使命是围绕科教兴国战略，开展科技、教育发展战略与公共政策研究，为教育部和国家决策部门提供高质量的政策研究报告和咨询建议。中心集中清华大学公共管理学院、21 世纪发展研究院以及教育研究所的科研力量，挂靠清华大学公共管理学院和 21 世纪发展研究院。

(4)清华大学中国发展规划研究中心(China Institute for Development Planning at Tsinghua University，CIDP)，是由国家发展和改革委员会与清华大学联合共建的清华大学校级研究中心。中心定位为"高层次、开放式、前瞻性"，围绕国民经济与社会发展战略和全面建设小康社会的目标，在国民经济和社会中长期发展规划，经济社会发展专项规划、区域规划，推进城镇化的发展战略和重大政策措施等方面开展理论和应用研究，中心目标是逐步发展成为国民经济与社会发展战略和政策领域的重要研究基地和思想库。

(5)产业发展与环境治理研究中心(Center for Industrial Development and Environmental Governance，CIDEG)成立于 2005 年 9 月 27 日。中心致力于产业发展、环境治理与制度变迁领域的政策研究、学术交流、研究生教育及在职人员培训，旨在提高中国公共政策与治理的研究和教育的水平，促进学术界、产业界、非政府组织及政府部门之间的沟通、理解和协作。

第二节　北京大学的跨学科学术组织

北京大学是我国一所具有明显综合优势的大学，学科门类包括人文科学、社会科学、自然科学、技术与工程科学和医学等。学校现有 5 个学部，33 个学院，14 个系，101 个本科专业，223 个硕士点，201 个博士点，35 个博士后流动站，12 个国家重点实验室，2 个国家工程研究中心，38 个省部级重点实验室，13 个国家文科重点研究基地，18.5 个国家基础科学研究与教学人才培养基地。

一、北京大学的跨学科学术组织现状

北京大学坚持"科学规划、精心组织、严密实施、严格管理"和"有所为有所不为"的基本原则,重点建设了数学、物理、化学及包括医学在内的生命科学四个重点基础学科和中国传统文化、经济学与市场经济、社会可持续发展、电子信息科学、地球系统科学与环境、新功能材料等六个学科群,建设了一批具有国际先进水平的实验室及新兴学科实验室。学校高度重视跨学科和交叉学科建设,已经和正在计划组建一批跨学科的教学与科研中心,为知识创新和技术创新提供沟通交融的平台。2000 年 4 月,原北京大学与原北京医科大学顺利合并,组成新的北京大学。学校大力促进医学部与本部的学科交叉和融合,建立了"生物医学跨学科研究中心"、"卫生政策与管理研究中心"、"脑与认知科学研究中心"及"言语与听觉研究中心"等跨学科研究中心,形成了新的学科生长点。北京大学跨学科学术组织发展的特色是行政主导,虚实结合,强调跨学科教育与教学,兼顾跨学科研究,重点培育新学科生长点。

(一)重点交叉学科

①生物医学工程(硕士和博士研究生阶段):生物医学工程旨在以技术与工程的手段,研究和解决生物学和医学中的有关问题,是综合生物学、医学和工程技术学的交叉学科,属于高新科技研究领域。生物医学工程作为北京大学重点交叉学科,分别在前沿交叉学科研究院和工学院招生。生物医学工程跨学科研究生培养项目的研究方向涉及生物医学微纳米技术研究,生物医学信息技术和医疗仪器技术研究,生物医学材料与组织工程研究,以及功能成像研究等领域。

②理论与系统生物学(博士研究生阶段):由于基因组测序、蛋白质组学及生物技术等的快速发展,生物学研究积累了大量的数据,如何挖掘出大量实验数据所蕴藏的生物学基本规律成为研究的焦点,各种定量学科的参与使得生物学的发展越来越定量化。数学、物理、化学、信息等在生物学研究中起到了举足轻重的作用,这种学科的交叉与融合为生物学的发展提供了强大的推动力,同时也促进了其他学科自身的发展。理论与系统生物学就是在这样一种发展趋势下产生的新兴交叉学科,主要针对组成生物体的单元(蛋白质、核酸、磷脂、糖等)、生物调控网络、生物进化以及细胞、器官和个体的发生、发育、病变、衰亡等生命科学中的重大问题开展研究,寻找生命过程的基本规律,建立相应的理论模型。理论与系统生物学包括理论计算与实验两方面的内容,强调理论、计算与生物学实验的交叉研究。

③纳米科学与技术:北京大学是我国纳米科技研究的重要基地之一,于 1997 年率先成立了跨学科和跨专业的纳米科学与技术研究中心,并于 2003 年起招收研究生。纳米研究中心充分发挥多学科交叉优势,在纳米化学与单分子科学、纳电子

学与分子电子学、纳米材料与介观物理研究领域做出了一系列具有重要国际影响的研究成果,并摸索出了一整套从事跨学科交叉研究的高水平人才的培养办法。

(二)跨学科人才培养机制

2003 年,北大纳入招生计划的生物信息学、生物医学工程和纳米科技,正是国际上跨学科研究的热门领域。在国家公布的研究生招生目录中还没有这些学科名称,所以北大暂将这三个专业设置在凝聚态物理、工程力学等专业中招生。2008年,北大元培学院成立了第一个跨学科本科专业——古生物学。古生物学是生命科学和地球科学汇合的交叉科学,涉及生物、地学、环境等多学科专业知识。另一个跨学科专业"政治、经济与哲学"的建设与申报工作也在紧锣密鼓地进行。这个跨学科专业的学生所学的知识,涉及到整个社会发展极其重要的三个领域:哲学关系到人生观和价值观的形成,经济是社会发展的命脉,政治是人与人之间关系的核心方面之一。元培学院已经具备组建这个跨学科专业的条件,因为北大在政治、经济、哲学三个领域都有非常强的学术力量,有非常好的哲学系和政府管理学院,在经济学方面有三个教学组织单位——光华管理学院、经济学院和中国经济研究中心。下一步,"历史与文学"、"计算机与心理学"、"生物医学工程"等也将成为元培学院跨学科专业建设的可选项,跨学科专业教育的探索将步步深入。

二、北京大学跨学科学术组织的运作机制

北京大学跨学科学术组织运行机制的基本特征是行政主导,虚实结合,以虚为主,强调跨学科教育与教学,注重培养新的学科生长点。下面我们以北京大学前沿交叉学科研究院和视觉与听觉信息处理国家重点实验室为例予以详细说明。

案例 7-3 北京大学前沿交叉学科研究院

北京大学前沿交叉学科研究院(Academy for Advanced Interdisciplinary Studies,Peking University)是北京大学跨学科的研究平台。2005 年 12 月 28 日,学校发文成立前沿交叉学科研究院,全国人大常委会副委员长、中国科协主席、北京大学医学部主任韩启德院士担任院长,方竞教授担任常务副院长。前沿交叉学科研究院的基本任务是组织跨学科的学术交流、开展跨学科的科学研究和培养交叉学科的优秀人才。研究院将以北京大学雄厚的基础学科和先进的技术学科为基础,组织联合相关的研究力量,建设具有良好学术交流环境、学科前沿性与学科交叉性相结合、实体与虚体相结合的交叉学科研究平台,为北京大学的交叉学科研究创造良好的学术氛围和研究条件;研究院将开展前沿性的问题研究和科学技术攻关,使北京大学在一些重要领域进入国际前列;研究院将在研究生主管部门的指导下,与相关院系和学科合作,努力探索交叉学科人才培养模式,使之成为高层次综

合人才培养的重要基地；研究院的管理体制将以有利于促进学科交叉和创造良好学术氛围为基本准则，采用虚实结合、研究人员专聘与兼聘相结合等多种灵活方式，资源在校内外共享。前沿交叉学科研究院成立以来，通过探索科研与管理机制创新、推动基础条件建设、招聘和引进优秀科研人才、组织学术交流与研究项目申请等工作，有力地促进了研究院的体制建设、学科建设和队伍建设。在前沿交叉学科研究院的框架下，各个研究中心以各自已有的条件为基础，面向科学技术发展和国家社会需求，组织多学科的研究力量开展前沿性问题的研究和科学技术攻关，获得了各类跨学科研究项目的支持，已经取得了若干重要的研究成果。研究院的学术研究机构由若干跨学科研究中心和研究所组成，主要包括：

* 生物医学跨学科研究中心
* 理论生物学中心
* 功能成像研究中心
* 纳米科学与技术研究中心
* 环境与健康研究中心

例如环境与健康研究中心，成立于 2007 年 10 月。该中心充分发挥北京大学文、理、医学科齐全的综合优势，加强环境与健康领域的交叉学科研究，促进环境健康研究和管理人才的培养，为国家环境与健康政策提供高水平的科学、技术、决策支持。作为北京大学环境健康研究的重要学术支撑机构，强调从基础学科到决策支持紧密联系的特色，促进北京大学环境健康相关学科间的交流，推动北京大学环境健康科学发展。环境与健康研究中心组织了来自北京大学环境科学、化学、基础医学、公共卫生、临床医学等领域的专家，开展跨学科的环境与健康交叉综合研究。研究主要成果包括汶川地震灾区空气传播疾病的现场监测，北京奥运空气质量改善与人体健康效应。研究领域包括：

* 环境监测与人群暴露评价
* 生物标志物测量技术
* 癌症高发区的污染暴露及环境基因组学研究
* 细与超细（纳米）颗粒物的暴露及健康危害
* 环境污染的健康、社会及经济损失评价
* 环境质量标准的健康风险评价

案例 7-4　北京大学视觉与听觉信息处理国家重点实验室

北京大学视觉与听觉信息处理国家重点实验室 1988 年正式通过国家验收，是北京大学建立的第一个跨学科的国家重点实验室。实验室以实现高度智能化的机器感知系统为目标，紧密结合国民经济和社会发展的需要，在机器视觉与听觉信息处理领域开展具有多学科交叉性质的基础与应用基础研究，同时注重以原创性的研究成果推动技术创新，实现科技成果转化。主要的研究方向有：

（1）机器视觉 Machine Vision。该方向的主要研究内容包括：图像处理、图像与视频压缩、模式识别和机器学习、三维视觉信息处理。主要应用领域包括：数字文化遗产、生物特征识别、图像数据压缩和管理。近五年来，取得了一系列新成果，在国际学术界产生了一定的影响。具体包括：发表了一批高水平的国际权威期刊论文和国际会议论文；获得发明专利授权 3 项，待授权 3 项；完成和承担了一批国家级的科研课题；中青年人才快速成长为科研的骨干力量。

（2）机器听觉 Machine Audition。该方向的主要研究内容包括：为适应不同的噪声应用环境，开展了声源定位与跟踪、单耳和双耳的计算听觉场景分析的研究工作；在机器语音识别和合成方面，重点开展基础标注语音数据库建设、语音韵律统计模型、大词汇连续语音识别、语种识别、说话人识别以及语音合成；在自然语言处理方面，开展了统计语言模型及领域语言模型、智能信息检索、统计汉—英机器翻译，最终实现一个融合多层语言学知识的自然语言理解框架。先后承担国家级、省部级等各类科研项目 40 余项，包括国家重大基础研究发展规划（973）课题、国家高技术研究发展计划（863）项目、攀登计划项目、国家自然科学基金重点项目、国家科技攻关项目、教育部"新世纪优秀人才"计划项目、北京市自然科学基金项目等。近年来，发表了一批高水平的国际国内权威期刊和国际学术会议论文，在国际和国内学术评测中多次取得优异的成绩，申请国家发明专利多项。

（3）智能信息系统 Intelligence Information Systems。主要研究方向：计算智能：过程神经网络、进化计算和复杂系统建模研究。智能分析与知识发现：研究人工智能技术的各种方法和数据仓库、联机分析处理、数据挖掘、时空信息处理，并应用于金融、电信等国民经济重要领域。智能与多媒体信息系统：Web 环境下的信息处理、Web 信息系统自动化构建环境、数字图书馆/博物馆以及无线传感器网络研究等。

（4）视觉与听觉的生理学和心理学基础 Physiology and Psychology for Machine Perception。该方向的主要研究内容包括：汉语英语听感知差异研究；空间分离对能量掩蔽和信息掩蔽的释放作用，启动效应对信息掩蔽的释放作用；言语可懂度理论及可懂度计算模型，基于听知觉组织的汉语言语可懂度计算模型；听力损伤主客观评价方法及康复预测模型，针对汉语的数字助听器及人工耳蜗语音处理策略。已承担国家级、省部级等各类科研项目 10 余项，包括攀登计划项目、国家自然科学基金重点项目、教育部"新世纪优秀人才"计划项目等。近年来，发表了一批高水平的国际国内权威期刊和国际学术会议论文，申请国家发明专利 6 项。

实验室现形成了以中国工程院院士何新贵教授、"长江学者"查红彬教授、常务副校长迟惠生教授为学术带头人,一大批年轻博士、副教授为科研骨干的学术梯队。先后承担了上百项国家级、省部级、国际合作和横向合作项目,经费累计超过5000万元,其中包括国家重点基础研究规划(973)课题、国家高技术发展计划(863)项目、国家科技攻关专题、国家自然科学基金重点项目或重大项目子课题、科技部攀登计划专项子课题、创建世界一流大学计划(985)项目等国家级重要科研项目30多项。先后获得重要科技奖励20多项;其中指纹自动识别技术先后获得国家科技进步二等奖和教育部科技进步一等奖,以该项成果为基础建立了国内最大的指纹技术产业;人工神经网络说话人识别新方法的研究获得教育部科技进步一等奖;国家空间信息基础设施关键技术研究获得2000年中国高校科学技术二等奖,入选2000年中国高校十大科技进步。

第三节　浙江大学的跨学科学术组织

浙江大学是教育部直属、省部共建的普通高等学校,其前身求是书院成立于1897年,经过一百多年的建设与发展,已成为一所基础坚实、实力雄厚,特色鲜明,居于国内一流水平,在国际上有较大影响的研究型、综合性大学。作为中国高等教育管理体制改革的试点之一,将通过改革与发展,努力建设成为以"综合型、研究型、创新型"为办学特色,具有世界先进水平的一流大学。浙江大学的学科涵盖哲学、经济学、法学、教育学、文学、历史学、理学、工学、农学、医学、管理学等十一大门类。学校现有112个本科专业,43个博士后流动站,具有一级学科博士学位授权点41个,二级学科博士学位授权点242个,二级学科硕士学位授权点317个。学校现有一级学科国家重点学科14个,另有二级学科国家重点学科21个。国家重点(专业)实验室14个,国家工程(技术)研究中心5个,国家人文社科重点研究基地3个。国家基础科学研究和教学人才培养基地7个,国家工科基础课程教学基地4个,国家战略产业人才培养基地3个,国家大学生文化素质教育基地1个和国家动画教学研究基地1个。

一、浙江大学的跨学科学术组织现状

进入新世纪,创新和科技发展的要求促使浙江大学的不同学术领域的教师和学生一起从事教学科研工作,积极进行交叉学科研究,建立了各种各样的跨学科中心和跨学科研究院等跨学科组织。浙江大学跨学科学术组织建设的特色是行政主导,特区政策,部分实体化运作,注重跨学科研究。根据浙江大学官方网站提供的资料,其目前的跨学科组织共有18个。基本情况如下:

（一）跨学科研究中心（12 个）

数学科学研究中心

长江三角洲区域与城市发展国际研究中心

系统芯片交叉研究中心

安全农产品研究中心

农业信息科学与技术中心

纳米科学与技术中心

跨学科社会科学研究中心

光通信交叉研究中心

微系统交叉研究中心

工程与科学计算研究中心

脑与智能研究中心

财经文史研究中心

（二）跨学科研究院（6 个）

浙大求是高等研究院

国际电磁科学院浙江大学分院

浙江大学中国西部发展研究院

浙江大学国际创新研究院

浙江加州国际纳米技术研究院

浙大台州研究院

二、浙江大学跨学科学术组织的运作机制

浙江大学跨学科学术组织运行机制的基本特征是行政主导,采用特区政策支持,以实体化运作为主,虚实结合,强调跨学科研究。下面我们以浙江大学语言与认知中心和求是高等研究院为例予以说明。

案例 7-5　浙江大学语言与认知中心

浙江大学语言与认知中心(CSLC)是一个以认知研究中的人文社会科学重大理论和应用问题为导向,以自然科学与工程技术的理论成果和技术手段为支撑平台,涵盖哲学、语言学、心理学、经济学、人工智能、神经科学等学科领域的跨学科研究机构。中心自成立以来主要开展以下方面的建设活动:第一,瞄准语言与认知领域的前沿问题,抢占学术制高点。拟在以下七个方面开展文理综合交叉的深入研究:汉语认知研究与形式处理;汉民族认知方式与汉语言文字演化;语言的个体认知与社会认知;基于认知转向的语言哲学与心智哲学研究;语言认知的计算建模;

语言认知过程及其机制;语言认知规律的应用研究。第二,建立竞争开放的人才培养、引进与流动机制,逐渐培养一批适应认知科学发展要求的具有跨学科研究意识、战略性研究眼光和国际视野的顶尖人才,造就具有崇高学术声誉和重要国际影响的"大师"级学者。第三,以自然科学和工程技术的相关理论成果和技术手段为重要支撑平台,建立以人文社会科学为研究重点、充分体现文理交叉优势的语言与认知国家实验室、数据库以及反映汉民族认知特点的汉语语料库。第四,出版一批体现文理交叉优势的高质量的语言与认知学术著作,在国内外知名杂志上发表一组有重要影响的语言与认知方面的学术论文,主办一份高水平的语言与认知学术刊物。第五,通过体制创新和机制创新,积极探索符合我国国情的人文社会科学与自然科学交叉综合研究的新体制,通过方向的凝练和队伍的整合,带动语言与认知相关学科的改革与发展;通过知识创新,在语言与认知的相关学科中发掘和培育出新的富有生命力的学术领域和学科增长点。

(一)语言与认知中心的组织机构

浙江大学"中国语言与认知研究基地"在组织机构上直属于浙江大学,实行学术委员会指导下的中心主任负责制。

①学术委员会是本基地最高学术机构,主要负责制定学术规则,确定研究项目与研究计划的立项和实施,对引进人才的资质做出审定,确定毕业博士生和出站博士后的条件与标准并加以把关,鉴定学术成果的质量并确定相应的奖罚措施。学术委员会由7-9名国内外著名学者组成,成员要有广泛的代表性与认同度,校内、国内知名高校与研究机构,以及国外学者各占三分之一。学术委员会主任经全体学术委员成员选举产生,由浙江大学校长聘任。学术委员会每年至少召开一次全体会议,其他事项的讨论与表决可以通过网络会议形式进行,以提高效率。

②基地主任是中心的行政负责人,主持中心的日常事务,负责组织协调、对外交流和经费管理等工作。基地主任由浙江大学校长聘任,任期4年。

③研究所的设立由学术委员会讨论决定,各研究所所长、实验室主任由基地主任聘任,任期4年;刊物主编由学术委员会主任兼任,暑期学院理事长由基地主任兼任。

④行政办公室负责基地的日常运行,主要发挥服务功能。办公室主任由基地主任聘任,归基地主任直接领导。图书情报室、网络室与对外交流办公室的工作由行政办公室主任统一协调,配置少量专职管理人员,技术性工作由基地的研究生(含博士生)承担。

(二)语言与认知中心的学术队伍

浙江大学语言与认知研究基地现已拥有一支年龄结构合理、学术造诣高、富有创新精神的学术队伍。现有院士2人、教授20人(博士生导师17人),副教授及其他研究和辅助人员 30 余人。其中 95％以上的学术骨干曾出国深造，96％的中青年学术骨干具有博士学位，有 2 人入选国家"百千万人才工程"、8 人入选浙江省"151 人才工程"。目前有 16 人在国内一级学会中担任名誉会长、副会长、常务理事。四年中，CSLC 有 1 人被评为国家教学名师，1 人入选新世纪百千万人才工程国家级人选，3 人入选教育部新世纪优秀人才计划，3 人被评为省教学名师和优秀教师；新引进和选留青年学术骨干 7 人，新聘求是特聘教授 1 人，招收博士后研究人员 15 人。1 个研究团队同时获得国家级优秀教学成果二等奖；2 篇论文先后评为全国优秀博士论文或相应提名。

（三）语言与认知中心的研究方向

CSLC 坚持自下而上的自主自由的学术活动与自上而下的宏观指导、规范管理的有机统一，努力追求重大问题导向与学术兴趣导向的相互结合。从制度与文化两个层面，营造文理工医多学科师生共同参与的学术氛围；精心组织心智—意识、语言—逻辑—认知、语法—语义—认知、社会认知与行为等四个研究小组的活动。围绕事先确定的主题，每月举行两次专题讨论会。建立以研究主题为基本单元的柔性化管理机制，形成一种灵活的、网络式的科研结构。CSLC 主要有以下 5 个研究方向：心智、意识的哲学—科学研究、汉民族认知方式与汉语言文字演化、汉语认知的逻辑与计算、社会认知与行为的理论和实证研究、认知规律及其应用研究。

（四）语言与认知中心的科研成果

面向汉语信息处理的语言与逻辑系列研究备受关注。先后主持相关国家基金项目 10 个；在 Journal of Pragmatics、Intercultural Pragmatics、Information Science、《中国社会科学（英文版）》、《哲学研究》等国内外有影响的重要学术刊物上发表论文 10 余篇。心智、意识的哲学—科学研究成效显著。在 AHCI 期刊上发表论文 5 篇，另有 4 篇论文被 Frontiers of Philosophy in China 在一年内集中转载，在《中国社会科学》、《哲学研究》等国内权威期刊上发表论文 9 篇，1 本著作荣获 2008 年浙江省人民政府优秀成果一等奖。心理机制研究的重大攻关课题立项取得突破。教育部哲学社会科学研究重大课题攻关项目是目前教育部哲学社会科学领域层次最高、资助力度最大的项目。在 Perception and Psychophysics、Personality and individual differences、Neurophysiologie Clinique/Clinical Neurophysiology 等国内外刊物上发表论文 11 篇。四大系列出版物初具规模。包括语言与认知文库（17 种），语言与认知译丛（7 种），语言与认知专辑（4 种），相关著作与教材（18 种）。

案例 7-6　浙江大学求是高等研究院

浙江大学求是高等研究院成立于 2006 年 10 月,作为浙江大学校设直属科研机构,求是高等研究院实行单独行政管理,享受学校的特殊政策,业务上由校科学技术研究院管理。2006 年底,三位国际知名科学家出任浙江大学最高学术职位——查氏讲座教授,并轮值担任求是高等研究院主席一职。他们是:香港科技大学原校长朱经武教授,美国加州大学罗氏达蒙讲座教授简悦威先生,美国 Intel 公司前高级副总裁和制造事业部总经理周尚林先生。研究院是浙江大学校设直属科研机构,实行单独行政管理,享受学校的特殊政策,业务上由校科学技术研究院管理。依托浙江大学现有生物医学工程、计算机与人工智能、临床医学、材料科学等研究基地,开展会聚技术领域的研究,着重研究神经编解码、神经控制与修复、神经信号采集与处理、传感器、生物机器人脑机交互、人工智能、虚拟现实等有关国际前沿课题,实现科学和技术融合,旨在将研究成果应用于临床、公共安全等领域,造福社群,服务社会。求是研究院依托浙江大学现有的科研基地,充分采用纳米技术、信息科学、生物医学工程和临床医学的研究成果,围绕神经信息与控制等领域开展多学科交叉研究。着重研究神经控制与修复、运动神经模型、神经信号处理及专用芯片设计、传感器材料的生物相容性、基于遥控和遥测的生物机器人、人工智能、脑—机交互(BCI)等课题。将最新研究成果应用于临床、公共安全等领域,实现科学和技术融合,造福社群,服务社会。

作为浙江大学的"研究特区",求是研究院享有特殊的人才引进、聘用及考核政策,设立了以博士为主的查氏特聘研究员岗位,引进国内外优秀人才前来从事研究工作。研究院单独设立了研究生课程,招收硕士/博士研究生,培养高级研究人才。学校为研究院提供了 200 万元交叉学科基金作为科研启动,配置了 200 平方米实验室空间,并将在 985 经费中对研究院予以进一步的支持。三年来,求是研究院在各方面取得了长足进步,已经形成了精干的科研梯队;建立了以电子信息为核心,与生物医学交叉融合的学科会聚模式;树立了以脑机接口为前沿核心,周边领域拓展辐射的研究方向;营造了以年轻研究者为骨干力量,和谐务实的学术环境;打造了与世界一流研究机构平等合作、紧密交流的对话平台。求是高等研究院的研究方向主要包括:

(1)基于 EEG 的脑机接口。包括系统设计:根据不同类型的 EEG 特征信号,设计系统结构框架,实现 EEG 信号在不同系统模块之间的传递和分析;人—机界面设计:脑—机接口是一种新型的人—机交互手段,使用人—机交互领域的理论为系统的人—机界面设计提供参考依据;数据处理:涉及生物医学信号处理和模式识别两大领域,主要研究不同模式的头皮脑电信号时、空、频域特征和特征提取的方法,并采用模式识别算法对不同的特征进行分类识别;实验:具体的实验分为三类:通过实验验证系统的有效性和可靠性;通过实验为系统设计和参数设置提供参考依据;为数据处理方法的改进提供数据来源。应用开发:利用 BCI 技术开发生活及专业应用,特别是医疗康复领域,为残疾病人提供日常辅助设备,能够帮助他们实现打字交流、收发邮件等日常需求。

(2)神经信号分析与处理。包括大鼠行为与脑电同步分析系统。课题组开发了用于动物行为与脑电同步的视觉分析系统,将由硬件采集的脑电信号与动物监控视频进行同步,并利用计算机视觉的方法,在视频中自动分析识别出预定义的动物行为,按动作的起始时间对脑电信号进行分割,从而获得所定义动作对应的脑电信号用以分析。神经信号的分析和处理。课题组开展了神经元电活动的识别与分离技术,神经元电活动与行为的对应方法等研究。通过引入基于能量、粗糙集,改进匹配滤波等方法,提高了神经元电活动的识别与分离的实时性和准确性。

(3)双向神经接口。课题组设计了一种基于 DSP 和 PCI 结构的多通道神经信号高速数据采集系统。该系统采用 CPLD 实现了 DSP 与多通道 ADC 的逻辑和时序控制,通过 DSP 的 HPI 与 PCI 总线接口设计实现了采集数据的高速传输。研究成果。2009 年发表 3 篇期刊论文,申请专利 3 项。

第四节　复旦大学的跨学科学术组织

复旦大学,是一所具有悠久历史、享誉海内外的全国重点大学。复旦大学有法学院、数学科学学院、化学系、人文学院、经济学院、新闻学院、医学院、管理学院、物理学系、生命科学学院、高分子科学系、信息科学与工程学院、技术科学与工程学院、环境科学与工程系等 17 个学院,70 个系,68 个本科专业,209 个硕士学位点,一级学科博士学位授权点 22 个,二级学科博士学位授权点 135 个,25 个博士后流动站,45 个国家重点学科(含内科学和外科学的 7 个三级学科),5 个国家重点实验室,81 个研究机构,145 个跨学科的研究中心。9 个本科专业,是国家基础科学研究和教学人才培养基地。复旦现有 30 名中科院和中国工程院院士。

一、复旦大学的跨学科学术组织现状

复旦大学建设大学跨学科学术组织的基本特色是行政主导,明确学科交叉优先领域,注重与国际化接轨。

(一)十分重视交叉学科和新学科的建设与发展

复旦大学的"三年行动计划"中,实施了一批交叉学科项目,以此为纽带,来推进学科间的交叉、渗透和联合攻关，以培育新的学科生长点，形成和发展新的学科优势。这些交叉学科项目绝大部分属于当今高新技术领域，其中既有生命科学领域的交叉项目，如脑科学研究、蛋白质组学研究、人体经络的科学基础研究等项目，又有信息科学与其他学科领域的交叉项目，如塑料电子学、电子商务、芯片化学分析系统研究、计算机硬软件协同设计研究等项目。还有一些与上海的建设和发展紧密结合的交叉学科项目，如同步辐射应用研究、"基因多样性与设计农业"创新体系等项目。也有一些综合性或基础性很强的交叉学科或边缘学科项目，如非线性科学、当代国外马克思主义、哲学交叉学科群。这些交叉学科项目的实施，已经收到了明显的建设效益。大部分交叉学科项目在跨学科研究中取得了丰硕的成果。脑科学交叉学科项目，由于集合了多学科的力量，在脑机制研究方面，已开始建立起从分子（基因）、细胞到系统和计算神经科学的完整的研究体系；在人类意识的定量指标研究上，在国际上首次提出高级复杂度和宏观复杂度两个新概念，已在数学理论证明方面取得重要进展。又如塑料电子学交叉学科项目，以研究纳米电子器件和分子电子器件为主攻方向。自项目立项以来，已开始寻找和试验各种可能产生半导体特性的有机材料，发现了一种能耐受 150℃ 烘烤的单有机电双稳材料和一种可用电擦除的双稳态存贮材料，并建立了"复旦大学纳米技术发展中心"。

（二）启动了以医学与其他学科之间交叉研究为内容的 Med-X 计划

复旦大学设立了 Med-X 专项基金，确定了 4 个优先支持的研究领域。主要包括后基因组、组织工程、基因疫苗等新技术、新领域的重大疾病（心脑血管疾病、恶性肿瘤与病毒性肝炎）诊治中的应用研究；创新药物（天然药物、靶向药物、基因药物）的研制；生物医学工程（医学信息的提取与处理、新型医用材料的研制和开发、无创或微创性诊疗技术）；医疗保健改革、卫生事业管理及医学与社会的软课题研究等。学校还设立了 Nano-X 基金，资助以纳米科学和纳米工艺为技术的科学技术研究。重点是纳米电子学、纳米医药学、纳米材料和纳米结构的制备及相关的化学物理性质的研究等。其他交叉项目的研究还包括 Bio-X，即以生命科学为核心的学科交叉领域；IT-X，以信息科学为核心的交叉学科领域；Economics-X，经济全球化和我国加入 WTO 带来的经济与其他领域问题的研究；Synchrotron-X，即"上海同步辐射光源"应用交叉项目，它作为大范围的应用课题，联合了我校表面物理、材料结构、电化学、环境科学、生物物理等众多学科的科研力量。学校规定每个学科建设项目必须确立两个主攻研究方向，以研究工作和有关项目作为学科建设的重要突破口，并且对大部分学科建设项目提出了必须争取相应的研究项目或研究经费作为项目配套等要求。一些"重中之重"学科建设项目和校重点学科建设项目所在的学科点往往都是学校重要的科学研究基地，近年来学校被批准建立的 2 个教育部重点实验室、7 个教育部人文社会科学重点研究基地、1 个上海市重点实验室都是以这些学科点为基础的，而且这些学科点都进入了新的高等学校重点学科行列。一些交叉学科更是在学科前沿的科学研究中展露实力。2001 年全国新增"973"项目 18 项，复旦大学获得 3 项，列全国第一。其中的"人类重大疾病的蛋白质组学研究"，就是以学校启动的蛋白质组学交叉学科项目的研究工作为基础的，该交叉学科项目由学校生命科学学院、化学系和附属中山医院等单位共同承担，并组织成立了复旦大学蛋白质组学研究中心。该项目组 2000—2001 年共申请到研究经费约 300 万元。项目负责人杨芃原教授即是该"973"项目的首席科学家之一。另一项"973"项目"人工带隙材料的物理机制、制备及其应用研究"首席科学家资剑教授也是学校"重中之重"学科建设项目凝聚态物理的学术带头人之一。脑科学交叉学科在项目实施过程中，两年内获得国家自然科学基金重大项目等共计 18 项，总计经费 360 多万元。

二、复旦大学跨学科学术组织的运行机制

复旦大学跨学科学术组织运行机制的基本特征是行政主导，选择优势学科领域，注重与国际化接轨，强调实体化运作，跨学科教育教学与跨学科研究并重。下面我们以复旦大学生物医学研究院为例予以详细说明。

案例 7-7　复旦大学生物医学研究院

复旦大学生物医学研究院（Institutes of Biomedical Sciences，简称 IBS）始建于 2004 年 3 月，是国家 985 二期工程建设的科技创新平台。生物医学研究院的宗旨是："健康上海人，欢乐中国人"。研究院遵循"章鱼模式（网状模式）"发展，建设人才聚集高地、领衔大项目高地和做一流研究高地。研究院以"转化医学"为目标，积极推动复旦大学生命科学与医学的有机结合，建立基础科学与临床需求的紧密联系。研究院重点把上海医学院、生命科学学院、化学系、药学院、公共卫生学院及相关附属医院等院系有机地穿插在一起，在疾病蛋白质组学、化学生物学、生物化学与分子生物学、肿瘤学、干细胞生物学、分子药理学等专业招收研究生。并且，吸纳海内外优秀博士毕业生以博士后的身份参加相关研究团队的科研工作，在高水平科研工作中对青年科研骨干进行培养。

（一）生物医学研究院的机构设置

生物医学研究院实行平台管理委员会领导下的首席科学家负责制，管理上遵循国际通用的主要调员（PI）管理模式。研究院配置了国际先进的科研设备，创建了独特的共享体制。机制上采用灵活的方式与各院系和附属医院进行共建。研究院下设九个研究所/中心。即：基因组学与表观基因组学研究所、蛋白质组学与系统生物学研究所、创新药物与结构生物学研究所、发育生物学与出生缺陷研究所、干细胞与再生医学研究所；心血管疾病研究中心、癌症研究中心、病理研究中心、病原微生物与传染病和公共卫生研究中心。此外，以研究院为载体，建立了复旦大学出生缺陷研究中心和复旦大学中国重大疾病遗传资源样品库。

（二）生物医学研究院的研究方向

以国家中长期科技规划以及国家、上海市的经济建设和社会发展设计组织项目申请和团队建设为出发点，设立的主要研究方向包括：疾病系统生物学、出生缺陷与发育生物学、疾病发生的分子机制、创新药物和结构生物学等。

（三）生物医学研究院的科研队伍

研究院现拥有院士 7 名，引进全时 PI 20 人，引进分时 PI 8 人，双聘 PI 43 人，研究人员 20 余名，工程技术人员 20 余名。目前已形成的研究团队包括：分子细胞生物学团队、肝癌研究团队、传染病研究团队、表观遗传学研究团队、蛋白质组学团队、干细胞研究团队、心血管疾病研究团队等。

（四）生物医学研究院的共享技术平台

根据研究工作的需要，建设了功能蛋白质组学、基因组学、表观遗传学、传染病与公共卫生、病理研究、癌症研究、心血管研究、分子与细胞生物学、药物与结构以及公共技术平台等十个技术平台，建设实验室总面积 4011 平方米。共购置仪器 1746 台，总价值 10698 万元。其中 40 万元以上大型仪器设备 30 台，10 万－40 万元的仪器 91 台/套，包括大型质谱仪、测序仪、显微切割仪、流式细胞仪、小动物活体成像仪、小动物超声、多功能工作站、多功能扫描仪、DNA 合成仪等。通过开放共享的机制，研究院将为校内外生物医学研究工作者提供高水平的技术支持和服务。

（五）科学研究与成果

截至 2008 年底，生物医学研究院全职人员和双聘人员共申请到国家和地方科研项目批准经费额度总计 5.4344 亿元，其中全聘人员（包括分时 PI）共申请到 1.2063 亿元项目批准额度，双聘人员共申请到约 4.2280 亿元项目批准额度，到位经费总额约为 1.1233 亿元。2008 年 12 月底，发表署名含生物医学研究院的论文共有 347 篇，SCI 论文 311 篇，总 IF 达 1334.6，平均 IF 为 4.3，研究论文大部分发表在跨学科的综合交叉的顶尖刊物上，包括 Cell、Nat Medicine、Nat Genetics、Nature Cell Biol、PNAS，以及一级/二级学科的权威刊物等。

（六）生物医学研究院的组织管理体制

生物医学研究的日常管理主要是依托于"985 工程"平台基地管理委员会。平台基地管理委员会是学校管理科技创新平台基地建设和运行的机构。由校领导和学术专家组成。管理委员会负责全校的科技创新平台的建设和运行过程中的宏观规划与资源整体配置、政策调控、目标管理、重要人事任免等方面的工作。平台管理办公室为校科技创新平台基地管理委员会的日常工作机构，是落实管理委员会领导下的主任负责制的重要节点。其主要功能为：对涉及创新平台与各职能部门之间、各创新平台之间、创新平台与院系之间等重要事务进行管理、组织和协调。

①研究院院长。研究院院长对研究院的建设、运作等重要事务全面负责并具体实施。建立与国际接轨的具有一定参照系的评估目标，学校进行目标管理。院长对研究院的内部事务拥有决定权。

②院务联席会议。由研究院的正副院长和各研究所的所长及各专业委员会的主任组成。定期举行的例会应就研究院的重要事务进行讨论、协商，形成共识。

③科技管理服务。科技处为研究院提供专家系统、信息系统和组织立项系统等全方位的科技管理服务和支持。

④财务管理服务。按完全课题制的管理方式提供财务服务和支持。财务部门将在课题预算编制、科研经费管理和实验室财务管理、审计等方面提供全面咨询和服务。

⑤人事管理服务。按完全课题制的管理方式提供人事管理服务。研究生院将在招生计划和培养，以及协助研究院建设和管理博士后流动站等方面提供积极的支持；人才引进办公室将积极协助研究院进行各类人才的引进工作；人事处将在研究院实行和落实协议制过程中提供积极的配合和支持。

⑥后勤保障服务。依托学校的社会化服务系统。资产管理处及有关后勤部门在研究院建设和运行过程中将积极提供资产管理、大型科学仪器购置和运行管理，以及诸多后勤服务方面的支持。

（七）下设的研究所和研究中心

病原微生物与传染病和公共卫生中心　　心脑血管疾病研究中心

癌症研究中心　　干细胞与再生医学研究所

病理研究中心　　发育生物学与出生缺陷研究所

创新药物与结构生物学研究所　　蛋白质组学与系统生物学研究所

基因组学与表观基因组学研究所

第五节　我国大学跨学科学术组织的典型特征

我国大学的跨学科研究是依托现有大学学术组织形式进行的，因此要考察我国大学跨学科研究的基本模式和运行机制，就必须对我国大学当前的主要学术组织形式有所了解。

一、我国大学学术组织的基本形式

我国高等学校学术组织(学科组织)的传统结构是"校—系—专业"三级结构，这是 20 世纪 50 年代仿照前苏联高校模式的结果。伴随着高校结构的重新调整，我国大学进行了大规模的合作、合并，大学内部学术管理(组织)结构也发生了一系列变革，如创建研究所、研究中心、调整撤并专业、分合增建学系、恢复兴建学院等。到目前，除了"校—系—专业"这一传统结构外，大体上还有 5 种结构类型：

(一)"校—院—系"型

这是"校—系—专业"传统结构的升级，即将原来的系升格为学院，将原来的专业(或教研室)升格为系；而在内涵上无实质性变化。这类学校多是以本科教学为主的"教学型"大学。

(二)"校—系—研究所室"型

与传统结构相比，这种类型结构扩大了原有作为教学基层单位的"专业教研室"的功能，使之在继续承担相关专业教学功能的同时，加强了从事相关专业(学科)的研究功能。但总的来说，它是一种"科研依附于教学"的类型。

(三)"校—系/系级研究所—研究室"型

该类型与第二型的主要差异在于系级研究所的设立，系级研究所通常是直属于学校的科研基地，同时承担相当数量研究生的培养工作。系级研究所与学系在功能上有明显分工，一般是系管本科教学，所管研究生教学和科研。这基本上是"科研依附于教学"、"研究生教学依附于本科教学"的类型。

(四)"校—院—系—专业教研室"型

这是一种四个层次的结构类型，是当前调整合并后、规模较大高校常采用的，实际上是在传统结构上恢复学院制，新增的学院层次多数是原来相关学系的"同类项合并"。这类结构存在两个中间层次，即学院和学系，这往往在运作机制上产生冲突。该型结构还有几种"亚型"，如设有学校直属的学院级研究所或研究中心，又如学系一级单设系级研究所或研究室等。总之，这类结构只是传统结构在规模上的扩大，并未有实质性的变革。

(五)"校—院/系/研究所—研究室/专业教研室"型

这种类型是学院、学系、研究所室、教研室等机构并存，以及多种机构组合的混合型结构。这种类型的不同机构在功能上有所侧重和分工，如学院(研究所)侧重研究生教学和科研职能，学系(研究室)侧重本科生教学等。

上述几种学术组织模式的同时存在，一方面说明了我国大学学术组织结构的多样化发展趋势，另一方面，也说明了我国大学在学术组织模式上仍然依附于传统的单一学科结构，在变革中缺乏明确的方向和目标，导致了调整时期的混乱状态。

二、我国大学跨学科学术组织的结构特征分析

在我国，从事跨学科研究的综合性、研究型大学多数采用学院制结构，即"校—院—系—专业教研室"型的学术组织结构。传统的院系学术组织成为我国大学跨学科学术组织模式的基础，几乎所有的跨系、跨学科组织都是建立在原有院系基础之上的。

（一）组织管理结构

我国大学的跨学科组织主要包括跨学科研究实验室、跨学科研究中心或研究所、交叉研究中心等类型，它们在组织结构和隶属关系上一般有三种形式。

第一种是隶属某一专业学院或学系，由这个学院或学系全权组织管理，承接国家大型交叉科研课题；同时，组织相关院系参与课题研究。依托国家（教育部）重点实验室和国家工程研究中心模式基本都属于这种形式。以清华大学为例。它的16个国家重点实验室、9个教育部重点实验室和4个国家工程研究中心都设置在相关专业院系之下。

第二种是挂靠某一学院或学系，由该学院牵头，负责组织管理，相关院系参与合作研究。跨系、跨学科研究中心或研究所模式基本都属于这种形式。

第三种是不挂靠任何学院或学系，由独立设置的交叉研究中心自行组织管理，联合相关院系进行跨学科研究。这种形式具有更为严密和灵活的组织体系，独立设置的跨学科（交叉）研究中心模式就是这一类型。

（二）组织运作方式

从组织运作方式来看，基本也有三种形式：

第一类是矩阵组织运作方式。它是目前我国高校普遍采用的形式，适用于同一所高校组织多个学系、学院（包括实验室、研究所或研究中心）参加重大项目的跨学科研究工作。

第二类是系统或混合组织运作方式。它一般是根据某一课题需要建立某一跨学科组织体系（短期或长期），根据每一项研究工作的实际需要，分配组织要素，合理安排研究进度，使人员、实验设施等资源条件发挥最大效用。这种形式更多适用于主题式重大科研项目，要求项目组成员密切配合。

第三类是松散联合组织运作方式。这种方式多为独立设置的跨学科（交叉）研究中心所采用，一般以校内现有研究和工作为基础，由自愿参加的研究机构为主体，联合进行跨学科研究。有统一制定内部运作规则，在合理使用设备与经费、分享成果的基础上，鼓励各合作成员争取项目、争取经费和争取效益。

（三）人员结构

在人员结构上，我国大学的教职工一般都按（单一）学科或专业结构划分，形成

了特有的"户口"编制,即教师必须隶属于某一学院或学系。因此,基本上所有的跨学科研究组织都是在不改变成员原有隶属关系的前提下,组织跨学科科研队伍,协同攻关。与此同时,各种类型的跨学科研究机构,一般都由相关学科导师带领和组织研究生(硕士生和博士生)参与跨学科研究工作,即需要承担培养科学人才的大学基本职能。

总的来说,我国现有的大学跨学科学术组织都是根据各个学校的实际情况,逐步建立和形成了一套适合于本校学术组织体系的跨学科研究运作机制。从我国大学跨学科研究基本模式和运行机制来看,我国大学跨学科学术组织基本上可以保证从事一定程度和规模的跨学科研究和交叉科学研究,同时,也培养了相当数量的跨学科科研人才。

三、我国大学跨学科学术组织模式的利弊分析

下面就我国当前大学跨学科学术组织运作模式的优势和劣势予以详细分析,以期实现有益的大学学术组织变革和再造。

(一) 我国大学跨学科学术组织体系的优势

(1)集中了重点研究型大学的优势力量。依托综合性、研究型大学进行跨学科研究,充分发挥了大学学科门类齐全、人才集中和基础设施完善的优势,在投资不多的情况下,取得较高经济效益和社会效益。重大跨学科科研课题依托国家(教育部)重点实验室和国家工程研究中心进行,就充分体现了这一优势。

(2)发挥了现有学系、研究所和研究中心的积极作用。依托某一学院或学系建设跨系、跨学科的研究所和研究中心,进行综合性课题的研究,既可以深化基础学科的专业性,又可以不断发展新兴的边缘学科、技术学科和应用学科。这种多学科、多层次的科研结构,正适应了现代科学技术互相渗透、交叉,高度分化又高度综合的发展趋势。

(3)矩阵式学术组织结构相对灵活多变。依托传统院系组织结构灵活设置跨学科组织形式,在不改变成员原有隶属关系的前提下,可以迅速组织起跨学科科研队伍,有效地保证了研究队伍的稳定性和活力,同时也充分利用了在校就读的研究生资源,在一定程度上,将跨学科研究与跨学科教育结合起来。

(4)注重产学研合作。与校外单位(企业)合作的跨学科研究机构,承接的跨学科科研项目,多为社会经济发展直接需要的应用研究项目,既为社会解决了综合复杂的实际问题,将科学理论应用于实践,又可以从实践中发现新的科学问题,有效实现了产学研互促共进。

(二)我国大学跨学科学术组织体系的弊端

由于我国大学的跨学科组织体系受到现行大学学术组织模式、管理体制和运

行机制的约束，因此，无可避免地存在一些弊端，而有些弊端甚至已经成为根本性或结构性缺陷。我国大学跨学科研发发展的关键制约因素主要包括：

(1)传统金字塔形学术组织结构的束缚。目前，我国综合性大学多采用"校—院—系—专业教研室"型的学术组织模式，大学跨学科组织体系就是建立在这一模式基础之上的，即在学院层次设立学校直属的学院级跨学科研究所或研究中心，或在学系层次设立跨系、跨学科的研究所或研究中心。这种四个层次的学术组织结构，实际是50年代专业教学模式"校—系—专业"结构的变形，只不过它形成两个中间层次学院和学系。这种科层组织结构首先造成了学院和学系如何实体化运作的难题；其次是把学科专业《目录》作为设置学院、学系和研究所室的依据，使得学科的多重属性和任务与人为的学术分割交织在一起，使得跨系、跨学科研究所或研究中心最终固定成为各系或学院的附属研究机构，无法形成严密而灵活的跨学科研究体系。

(2)科研依附于教学的传统学术组织模式与教育体系。即使在重点研究型大学，也基本没有专职的科研体系，没有形成适合重大跨学科科研项目的工作体系。我国高校最基层的教学和科研单位是教研室或研究室，一般是设立在二级学科(专业目录)基础上，许多科研机构是系所合一或研究室与教研室合一，只不过是一套人马、两块牌子而已。在相当程度上，体现了科研依附教学的传统教育体制。这种情况下，人员和组织机构都被限制在单一学科和专业范围内，学术成员的门户之见也越来越深，这样既无法凸现出高水平研究型大学的研究功能，更不利于多学科、跨学科的合作研究和新学科的创设。

(3)缺乏规范的大学学术治理结构与跨学科管理制度体系。大多数高校没有建立有关跨学科科研项目的组织机制和行之有效的内部管理体系。由于没有规范的管理组织模式，难以组织人力、物力，集中多学科的优势去申请重大跨学科科技项目，多数是各学院、学系研究所或研究中心单兵作战，只能申请到中、小型课题；同样，由于没有健全的内部管理体系，譬如没有规范的科研合同制管理、内部分配缺乏程序化和民主化等，致使形成高校科研缺乏项目效益和导致短期行为的局面，从而给人以不良印象，影响了进一步的科研课题申请和项目合作。

(4)缺乏基于跨学科体系的资源和利益分配机制。没有制定有利于跨学科研究的配套的政策法规，特别是没有科学合理的利益分配机制和人员流动机制。利益分配主要涉及跨学科研究课题的经济利益和成果分享，以及跨学科研究人员的科研成就是否受到认可；人员流动主要是指能否保证各学科之间人员的自由流动和资源共享。利益分配不公会直接导致科研课题中断乃至跨学科研究组织的解散，跨学科研究人员的科研成就得不到所在学科、学系或学院的认可，则会严重打击科研人员从事跨学科研究的积极性；而特有的学院、学系和专业"户口"编制，直接限制了科研人员的利益分配和科研成果认可,这使得跨学系、跨学科的科研合作与交流难以实现,即使偶尔实现,也没有制度化保障。

(5)跨学科研究未能与社会实践紧密结合,缺乏利益相关者的广泛支持和参与。现有的跨学科研究组织缺乏科研经营思想和政策,跨学科科研项目难以产生科研效益,使得大学跨学科研究得不到社会的广泛参与和支持。一般来说,跨学科科研项目都需要大量的人力、物力和财力,高校只有人力和物力(实验设施等)方面的优势,而缺乏雄厚的科研资金,因此必须要得到产业界的支持,才能保证跨学科研究的持续发展。高校跨学科研究不面向社会实际需要,不保证科研项目的效率和效益,也就失去了发展的根本动力。

(6)大学行政化趋势明显,学术组织创新的内部动力和外部动力缺乏。我国大学行政制度日趋烦琐和僵硬化,行政权力与学术权力交织在一起,而各级行政组织都行使相应的学术管理权力,使得处于基层的跨学科研究组织,受制于上层行政体制的多头领导,基层教授和科研人员不得不忙于非学术和科研的繁杂事务,同时,教学和科研活动被限制在行政"户口"范围内,在引进、培训、晋升和奖励等人力资源政策上又没有对跨学科学术方向的支持和倾斜,从而大大降低了高校学术组织成员从事跨学科学术研究活动的热情和积极性。

上述种种弊端,已成为我国大学跨学科研究活动深入发展的严重阻碍。因此,如何实现大学学术组织创新和有效的科学管理已成为我国高校体制改革的一项重大课题。

四、我国高校跨学科学术组织的典型特征

进入 21 世纪以来,中国大学的跨学科研究趋势显著增强。笔者对中国 9 所最高水平研究型大学的跨学科学术组织模式进行了梳理,见表 7-1 所示。我国大学主要的跨学科学术组织模式包括跨学科研究中心、研究所和跨学科实验室、国家工程研究中心以及跨学科研究院等形式,目前大多数停留在学科会聚的初级阶段,即多学科研究模式。我国大学跨学科学术组织的总体特征如下:

(1)总体处于独立学科模式向学科会聚模式的转型阶段,即由单学科向多学科－跨学科－交叉学科渐进变革的初级阶段;

(2)以传统院系结构和学科组织为基础,跨学科实验室－研究中心－独立研究院/所并存,多数采用矩阵式学术组织模型,以松散联合组织为主,实体化运作组织较少;

(3)跨学科学术组织建设基本上是以外生性的行政管理推动和国家政策主导模式为主,而且这种模式还将会持续一段时间,相对缺少自组织模式的学科会聚与内生性的知识整合创新,导致大学科学创新能力没有显著提升;

（4）在跨学科学术组织结构、管理政策、教学与研究、资助模式、成果评价、专业化社会网络以及利益相关者的激励机制方面仍然处于探索和模仿学习阶段，缺乏自适应性的灵活创新。

表 7-1　中国 C9 高校跨学科学术组织模式与创新能力

高校名称	交叉学科数量	跨学科组织类型	Science 论文数	Nature 论文数
北京大学	31	跨学科研究中心、研究所 跨学科实验室 国家工程研究中心	29	28
清华大学	27	跨学科研究中心、研究所 跨学科实验室 国家工程研究中心	12	16
浙江大学	30＋	跨学科研究中心、研究所 跨学科实验室 国家工程研究中心	8	10
复旦大学	7	跨学科研究计划 跨学科研究中心、实验室	14	17
上海交大	20	跨学科研究院 跨学科研究中心（所、实验室） 国家工程研究中心	9	11
南京大学	98	跨学科研究中心 跨学科实验室	18	12
中国科大	20	跨学科研究中心 跨学科实验室	14	17
西安交大	11	跨学科研究中心、研究所 跨学科实验室 国家工程研究中心	1	1
哈尔滨工大	11＋	跨学科研究院 跨学科研究中心（所、实验室） 国家工程研究中心	0	0

注：上述论文数据来源于 1979 年 1 月—2010 年 7 月的 SCI 数据库

第八章 中国高校跨学科学术组织
对其科学创新能力的影响

一、我国大学跨学科学术组织与科学创新能力的关系

本研究认为,我国大学由于受传统学科分类的影响深远,导致我国高校研究所/研究中心、国家实验室或工程研究中心等学术组织多是以单学科为主的学术机构,这种模式进一步导致了高校科研人员的思想封闭保守、知识结构单一以及原始创新能力和集成创新能力的薄弱。本研究拟从学科组织创新角度出发,实证检验大学跨学科学术组织模式特征与科学创新能力之间的关系,进而分析和总结出我国大学跨学科学术组织的发展模式和基本特征。

在本研究中,大学跨学科学术组织特征是指大学开展跨学科教育与研究所依赖的组织单元、组织体系结构、运行模式、机制和环境等基本要素特征。对大学跨学科学术组织特征的测度是基于大学跨学科教育与研究现状调查所涉及的管理体制、组织机构、运行机制、经费支持、评价机制、文化氛围、社会网络以及与产业界或政府的联系等内容。大学科学创新能力是指现代大学知识生产和知识创新的动态过程能力,是大学原始创新能力的真实体现。对大学科学创新能力的测度是基于《世界大学科研竞争力排行榜(2009)》的评价指标体系,即大学科学创新能力包括科研生产力、科研影响力、科研创新力与科研发展力等内容。

(一)研究取样和样本特征

本研究的样本对象主要包括研究型大学、教学研究型大学、教学型大学和大学独立科研机构。共计发放 750 份问卷,回收 513 份问卷,除去 29 份无效问卷,得到有效问卷 484 份,有效回收率 64.5%。问卷主要由从事跨学科教学与研究的教师、研究者、博士后以及研究生等相关人员填写,以反映各类高等院校的跨学科学术组织特征与现状。

(二)研究测量

为了保证测量工具的信度和效度,本研究采用的量表是根据国内外文献已有量表改编设计而成。其中跨学科学术组织特征量表由 40 个测量项目组成,包括跨

学科管理与组织运行机制、跨学科活动经费支持、跨学科活动评价机制、跨学科研究文化氛围、跨学科社会网络以及产学研合作与联系等内容。科学创新能力量表由5个测量项目组成,包括论文发表数、论文被引次数、知名学科数量、专利申请和专利获得数量以及高被引论文比率等内容。研究采用 Likert 式 7 点量表进行评价,从 1—7 记分,表示从"完全不符合"到"完全符合"等 7 个等级变化选择。上述量表基本反映了我国高等学校的跨学科学术组织行为特征与科学创新能力的主观评价绩效。

(三)统计方法

数据分析主要采用统计软件 SPSS17.0 for Windows 进行。统计方法主要运用了描述性统计分析、方差分析、路径分析和多元层次回归分析。

(四)研究结果分析

1. 描述性统计分析

从调研样本对象的单位性质来看,研究型大学比例为 41.5%,教学研究型大学比例为 50%,教学型大学比例为 6%,独立科研机构比例为 2.5%。从调研样本对象的学术背景来看,属于单一学科比例为 64.4%,跨两个学科的比例为 28.2%,跨多个学科的比例为 7.4%。从调研样本对象的研究范围来看,没有从事跨学科研究的比例为 29.9%,部分从事跨学科研究的比例为 57.4%,主要从事跨学科研究的比例为 8.1%,完全跨学科的比例为 4.6%。

(1)参与跨学科研究的原因

调研样本对象参与跨学科研究的原因主要包括研究兴趣、学科发展需要、解决问题需要和项目合作需要,详见表 8-1。结果显示,我国大学学者开展跨学科研究最重要的原因是研究兴趣、学科发展、解决问题与项目合作需要。

表 8-1　参与跨学科研究的原因(N=484)

参与跨学科研究的原因	所占比例
研究兴趣	32.7%
学科发展需要	31.7%
解决问题需要	14.8%
项目合作需要	14.1%
获取研究经费	1.1%
领导要求	0.7%
其他原因	4.9%

（2）从事跨学科研究面临的障碍

调研样本对象从事跨学科研究面临的障碍主要包括管理体制不合理、学科划分过细、组织形式不恰当、运行机制不健全、缺乏经费支持以及评价体系不完善等因素，详见表 8-2。结果显示，我国大学从事和开展跨学科研究面临的最主要障碍是管理体系、学科划分、组织形式和运行机制等问题。

表 8-2　从事跨学科研究面临的障碍（N＝484）

从事跨学科研究面临的障碍	所占比例
管理体制不合理	23.2%
学科划分过细	22.9%
组织形式不恰当	15.5%
运行机制不健全	15.5%
缺乏经费支持	10.9%
评价体系不完善	10.9%
领导不重视	1.1%

（3）跨学科研究采用的组织形式

调研样本高校从事跨学科研究采用的组织形式主要包括跨学科课题组或研究计划、实验室（含国家实验室等）、重点专项或 985 平台、研究所或研究中心（含工程研究中心等）以及企业合作项目等，详见表 8-3。结果显示，我国大学采用最主要的跨学科研究组织形式是跨学科课题组、研究计划和跨学科实验室。

表 8-3　跨学科研究的组织形式（N＝484）

跨学科研究采用的组织形式	所占比例
课题组或研究计划	63.7%
实验室（含国家实验室等）	18.7%
重点专项或 985 平台	6.7%
研究所或研究中心（含工程研究中心）	4.6%
企业项目合作	2.8%
国家重点项目合作	1.8%
国际项目合作	1.1%
独立研究院	0.7%

（4）跨学科研究目前的发展阶段

调研样本高校从事跨学科研究所处的发展阶段主要包括学科内部合作、相邻学科合作、交叉学科合作、多学科合作以及学科融合与创新等阶段,详见表 8-4。结果显示,我国大学的跨学科研究目前主要集中于阶段 1 和阶段 2,即处于以学科内部合作和相邻学科合作为主的跨学科研究初级阶段。

表 8-4　跨学科研究所处的发展阶段(N＝484)

跨学科研究目前的发展阶段	所占比例
学科内部合作	32.4%
相邻学科合作	25.7%
交叉学科合作	18%
多学科合作	14.1%
学科融合与创新	9.2%
完全跨学科合作	0.7%

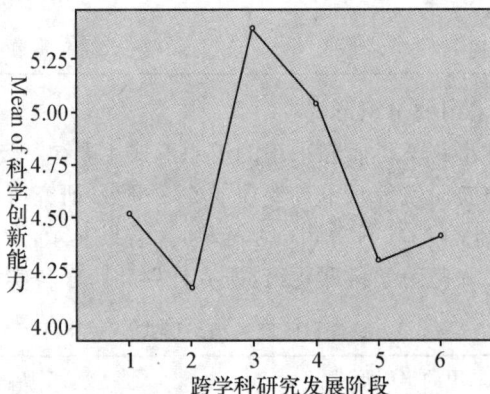

图 8-1　跨学科研究发展阶段与科学创新能力关系

注:1＝学科内部合作 2＝相邻学科合作 3＝交叉学科合作 4＝多学科合作 5＝学科融合与创新 6＝完全跨学科合作

跨学科研究发展阶段与科学创新能力关系如图 8-1 所示。结果显示,目前,我国一部分大学的跨学科研究正处于阶段 3 和阶段 4,即处于交叉学科合作和多学科合作的跨学科研究中级阶段,处于这一阶段的大学,其科学创新能力水平显著较高。与此同时,我国当前处于学科融合与创新(阶段 5)以及完全跨学科合作(阶段 6)的高校非常少,其科学创新能力水平也没有显著提升。

(5)有效推动跨学科教学与研究的政策

调研样本对象认为有效推动大学跨学科教学与研究的政策主要包括国家层面

的支持、有效的学术组织结构与形式、管理体制与激励机制、跨学科活动资助、有利的跨学科评价机制、跨学科专业化社会网络以及与产业界合作等内容,详见表8-5。

表 8-5　推动跨学科教育与研究的政策(N=484)

有效推动跨学科教学与研究的政策	所占比例
国家层面对跨学科教学与研究的支持	84.2%
有效的跨学科学术组织结构与形式	86.6%
跨学科学术管理体制与激励机制	86.6%
大力资助跨学科教学与研究活动	86.3%
有利于跨学科教学与研究的评价机制	84.2%
构建跨学科学术专业化社会网络	80.3%
大力加强与产业界的跨学科合作	82.7%

注:该比例是重要性评分在 5 分以上的频次比例,满分为 7 分。

(6)大学跨学科学术组织特征的现状

通过对调研样本高校跨学科学术组织特征的现状评价,该数据表明目前我国大学在跨学科活动的文化氛围、产学研合作与联系、跨学科研究的资助与评价机制等方面处于中等偏上水平,而在跨学科管理与组织运行机制、跨学科专业化社会网络等方面处于中等偏下水平,详见表8-6。

表 8-6　大学跨学科学术组织特征现状评价(N=484)

大学跨学科学术组织特征	均值	所占比例
跨学科管理与组织运行机制	4.18	30.6%
跨学科活动的文化氛围	4.85	48.6%
产学研合作与联系	4.73	43.7%
跨学科研究的资助与评价机制	4.69	43.7%
跨学科专业化社会网络	4.24	27.5%

注:所占比例是满意度评分在 5 分以上的频次比例,满分为 7 分。

2. 大学跨学科学术组织特征和科学创新能力的因子分析

本研究对大学跨学科学术组织特征量表进行了探索性因子分析,采用主成份分析法和方差最大旋转法抽取相关因子。运用凯泽标准和卡特尔陡阶检验法确定因素抽取个数,采用特征值大于 1,且项目因素荷重不低于 0.5 的标准,一共抽取了五个关键因子,同时删除了一些交叉落在两个维度,而且因素荷重都较高的项目。最后得到一个具有五个维度,分别包括 17 个项目、7 个项目、5 个项目、5 个项目和 4 项目,共计 38 个项目的大学跨学科学术组织特征量表。作为检验量表测量项目内部同质性的标准,Cronbach a 值越大表示信度越高,本文以不低于 0.6 为限。对于样本数据适用性,采用 KMO 样本检测法。本研究统计数据的 KMO 值为 0.964,适合做因子分析。因素分析结果见表 8-7。

从大学跨学科学术组织特征因子抽取的内容来看,与本研究结构化访谈的结果基本一致。在对五个因子命名后,本研究认为,大学跨学科学术组织特征包括跨学科管理与组织运行机制、跨学科研究文化氛围、产学研合作与联系、跨学科资助与评价机制和跨学科专业化社会网络等五个要素维度。五个因子的内部一致性系数分别是 0.97、0.93、0.94、0.91、0.93,显示了良好的内部一致性,证明了本研究量表的同质性信度较高。

表 8-7 大学跨学科学术组织特征的探索性因子分析结果(N=484)

测量项目	因素 1	因素 2	因素 3	因素 4	因素 5
因素 1:跨学科管理与组织机制 α 系数=0.97					
V19 设立了跨学科学术委员会或战略规划	0.814				
V18 成立了跨学科领导小组或专门机构	0.783				
V20 建立了跨系跨学科研究的流动机制	0.760				
V25 设立了跨学科学位点和招生培养计划	0.726				
V28 建立跨学科研究交流和信息共享平台	0.717				
V21 设立了跨学科人才培养计划	0.697				
V27 赋予跨学科学术组织财政权和人事权	0.690				
V30 明确研究主题和首席科学家负责制	0.687				
V31 组建跨系跨学院的跨学科研究团队	0.682				
V29 实施跨学科项目主任负责制	0.679				
V22 建立了跨学科中心、研究所或实验室	0.649				
V24 设立了大学研究院或大学学部制	0.638				
V23 组建了跨学科团队、课题组或研究计划	0.627				
V32 基于团队的利益分配和激励机制	0.609				
V26 与政府、企业建立跨学科合作机构	0.593				
V17 建立了跨学科学术评审委员会	0.579				
V33 学校设置跨学科研究专项基金	0.570				

测量项目	因素 1	因素 2	因素 3	因素 4	因素 5
因素 2:跨学科研究文化氛围　　α 系数＝0.93					
V48　鼓励资助教师学习新学科和新领域知识		0.770			
V47　支持研究者跨学科领域开展学术研究		0.753			
V49　注重新学科团队或跨学科团队的培养		0.725			
V51　崇尚学术自由和多元化学术价值观		0.653			
V50　塑造不同背景研究者之间的交流环境		0.630			
V41　强调研究成果的高质量和创新性		0.591			
V40　学校领导高度重视跨学科研究		0.554			
因素 3:产学研合作与联系　　α 系数＝0.94					
V53　吸引产业界或政府资助跨学科教学与研究			0.762		
V54　与产业界或政府合作开展跨学科研究项目			0.761		
V55　与产业界或政府共建各类跨学科研究平台			0.719		
V52　围绕现实问题和产业界需要开展跨学科项目			0.701		
V56　按照需求为产业界培养跨学科人才			0.636		
因素 4:跨学科资助与评价机制　　α 系数＝0.91					
V35　获得国家或省级重大专项基金的资助				0.665	
V39　承认团队学术研究成果或工作业绩				0.661	
V34　获得国家自然科学和社会科学基金的资助				0.643	
V38　承认在交叉或其他学科出版物发表的成果				0.614	
V36　获得产业基金或企业研究基金的资助				0.560	
因素 5:跨学科专业社会网络　　α 系数＝0.93					
V45　组建虚拟交流平台以促进研究者跨学科学习					0.637
V46　创设跨学科学术期刊或出版跨学科系列专著					0.586
V43　设立跨学科教学或者科研的学术奖项					0.581
V44　在主办学术期刊上增加跨学科主题文章发表					0.559
特征根值	10.4	5.77	5.02	4.31	3.83
各因素解释变异的百分比	27.3	15.2	13.2	11.3	10.1
累计可解释变异的百分比	27.3	42.5	55.7	67.0	77.1

本研究进一步对大学科学创新能力量表进行了探索性因子分析,采用主成份分析法和方差最大旋转法抽取相关因子。运用凯泽标准和卡特尔陡阶检验法确定因素抽取个数,采用特征值大于 1,且项目因素荷重不低于 0.5 的标准,最后得到一个维度,共计 5 个项目的大学科学创新能力量表。作为检验量表测量项目内部同质性的标准,Cronbach a 值越大表示信度越高,本文以不低于 0.6 为限。对于样本数据适用性,采用 KMO 样本检测法。本研究统计数据的 KMO 值为 0.919,适合做因子分析。因子分析结果见表 8-8。从大学科学创新能力因子抽取的内容来看,符合关于科学创新能力测量构思。该因素的内部一致性系数是 0.98,显示了良好的内部一致性,证明了本研究量表的同质性信度较高。

表 8-8　大学科学创新能力的探索性因子分析结果(N=484)

测量项目	因素 1
因素 1:科学创新能力　　　α 系数＝0.98	
V58　论文被引次数或高被引论文数居全国高校前列	0.911
V60　专利申请数或专利获得数居全国高校前列	0.868
V61　高被引论文占论文发表比率居全国高校前列	0.848
V59　一流或高水平学科数量居全国高校前列	0.825
V57　论文发表数或热门论文数居全国高校前列	0.804
特征根值	4.71
各因素解释变异的百分比	94.2
累计可解释变异的百分比	94.2

3. 大学跨学科学术组织特征对科学创新能力的回归分析

在本研究中,我们将进一步检验大学跨学科学术组织特征对科学创新能力的影响效应。研究运用多元线性回归分析方法进行,以跨学科学术组织特征的五个因子作为多元自变量,以科学创新能力作为因变量,运用全部进入回归分析方法,对科学创新能力构建多元线性回归方程。回归分析结果见表 8-9。

表 8-9　大学跨学科学术组织特征对科学创新能力的回归分析(N＝484)

自变量	科学创新能力	
	β 系数	T 值
跨学科管理与组织运行机制	0.43	4.28***
跨学科研究文化氛围	0.16	1.98*
产学研合作与联系	0.05	0.65
跨学科资助与评价机制	−0.17	−1.99*
跨学科专业化社会网络	0.18	2.01*
校正后的 R^2		0.38
方程 F 值		36.01***

＊P＜0.05　＊＊P＜0.01　＊＊＊P＜0.001　　　　β 系数为标准回归系数

　　由表 8-9 的回归分析结果可以看出,大学跨学科学术组织特征对科学创新能力具有显著的影响效应,回归方程的总体影响系数 R^2 达到了 0.38(＊＊＊ p＜0.001),而且大学跨学科学术组织特征的不同要素对科学创新能力的影响效应显著不同。其中,跨学科管理体制与运行机制、跨学科专业化社会网络和跨学科研究文化氛围三个因素对科学创新能力具有显著的正效应,标准回归系数分别为 0.43、0.18 和 0.16,跨学科资助与评价机制对科学创新能力的回归分析具有较为显著的负效应,标准回归系数为 −0.17,而产学研合作与联系因素对科学创新能力不具有显著的影响效应。上述统计结果表明,大学跨学科学术组织特征是影响大学科学创新能力的重要因素,初步支持了本研究关于大学跨学科学术组织显著影响大学科学创新能力的基本假设。研究结果显示,跨学科管理与组织运行机制、跨学科专业化社会网络和跨学科研究文化氛围等三个要素特征对大学科学创新能力具有显著的积极影响;而跨学科资助与评价机制对大学科学创新能力具有显著的消极影响,这在一定程度上说明了我国大学当前的跨学科资助与评价机制在总体上是不利于跨学科教学与研究发展的,基本上是以单学科为导向的资助评价模式,强调短期资助和数量结果,忽视长期资助、质量结果和创新标准,因此对大学科学创新能力产生了相当的负面效应。

4. 不同跨学科学术组织特征下大学科学创新能力的方差分析

　　本研究中,我们进一步考察不同跨学科学术组织特征水平的样本高校在科学创新能力方面是否存在显著差异。我们以大学跨学科学术组织特征的五个维度(即跨学科管理与组织运行机制、跨学科研究文化氛围、产学研合作与联系、跨学科资助与评价机制和跨学科专业化社会网络)作为聚类变量,运用两阶段聚类分析法

（Two Step Cluster），对 38 个高校样本进行聚类分析。该方法是一种设计用来显示数据集中的自然分类的探索性工具，可以运用在连续变量和类别变量上（林震岩，2007）。聚类分析结果见表 8-10。根据大学跨学科学术组织特征的五个维度，聚类分析将调研样本高校分为高跨学科学术组织特征样本组和低跨学科学术组织特征样本组，高跨学科学术组织特征样本组在大学跨学科学术组织特征的五个维度方面均处于较高水平，低跨学科学术组织特征样本组在大学跨学科学术组织特征的五个维度方面均处于较低水平。

表 8-10 　大学跨学科学术组织特征的聚类分析表（N＝38）

跨学科学术组织特征维度	高跨学科学术组织特征	低跨学科学术组织特征
	聚类均值	聚类均值
跨学科管理与组织运行机制	5.33	3.12
跨学科研究文化氛围	5.79	3.97
产学研合作与联系	5.78	3.77
跨学科资助与评价机制	5.72	3.74
跨学科专业化社会网络	5.39	3.18
N	18	20

注：研究采用 Likert 式 7 点量表，满分为 7 分。

根据上述聚类分析结果，我们对高跨学科学术组织特征样本组和低跨学科学术组织特征样本组的科学创新能力水平进行了方差分析。方差分析结果见表 8-11 和图 8-2 所示。方差分析的结果表明，跨学科学术组织特征越明显的大学，其科学创新能力水平越高；也就是说，高跨学科学术组织特征的高校在大学科学创新能力方面显著高于低跨学科学术特征的高校，这充分说明大学跨学科学术组织特征水平在相当程度上影响了高等学校的科研质量和科学创新能力，进一步支持了本研究关于大学跨学科学术组织显著影响大学科学创新能力的基本假设。

表 8-11 　跨学科学术组织特征下大学科学创新能力的方差分析（N＝38）

	大学科学创新能力		
	N	M	SD
高跨学科学术组织特征高校	18	5.60	1.45
低跨学科学术组织特征高校	20	3.75	2.00
F 值			77.67***

＊$P<0.05$　＊＊$P<0.01$　＊＊＊$P<0.001$

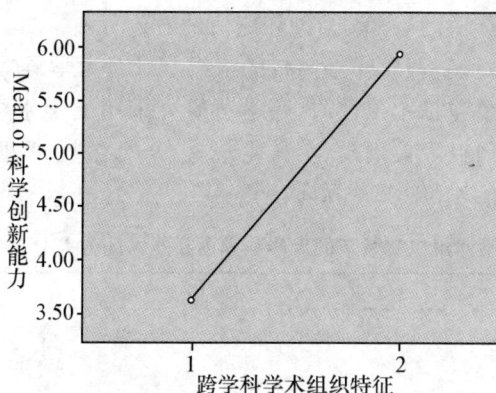

图 8-2　大学跨学科学术组织特征与科学创新能力关系

5. 不同组织背景下的大学跨学科学术组织特征的方差分析

本研究还检验了调研样本高校的组织背景对其跨学科学术组织特征的影响效应,方差分析结果见表 8-12。方差分析结果表明,不同的大学类型在大学跨学科学术组织特征方面存在显著差异。其中,研究型大学、教学研究型大学和独立科研机构在跨学科管理和组织运行机制、跨学科研究文化氛围和跨学科专业化社会网络等特征方面的评价显著高于教学型大学,在跨学科资助与评价机制、产学研合作与联系等特征方面四种大学类型之间不存在显著的差异。研究结果表明,研究型大学、教学研究型大学和独立科研机构在跨学科管理与运行机制效率、跨学科研究的文化氛围和环境塑造以及跨学科专业化社会网络建设等方面的整体水平要显著高于教学型大学,但是在跨学科资助与评价机制、产学研合作模式上四种大学类型之间没有显著差异,也意味着在学术资源分配模式和社会服务方面四种大学类型均没有显著特色,这一定程度上表明了我国高校学术组织结构形式的僵化与学术资源配置的同质化倾向十分明显。

表 8-12　不同组织背景下的大学跨学科学术组织特征比较分析(N=484)

组织背景		大学跨学科学术组织特征								
		管理组织		跨学科文化		产学研		资助评价		专业网络	
大学类型	N	M	SD	M	SD	M	SD	M	SD	M	SD
研究型	158	4.54	1.50	5.06	1.38	5.02	1.48	4.83	1.53	4.63	1.52
教研型	212	4.04	1.32	4.83	1.20	4.60	1.35	4.64	1.24	4.07	1.41
教学型	75	3.03	1.56	3.68	1.61	4.06	1.66	4.04	1.79	3.00	1.78
科研机构	39	3.77	1.72	4.73	1.78	4.14	2.09	4.68	1.82	4.17	1.58
F 值		7.08***		5.20***		2.41		1.91		3.98**	
组间比较		1,2,4>3		1,2,4>3		1,2,3,4		1,2,3,4		1,2,4>3	

＊P<0.05　＊＊P<0.01　＊＊＊P<0.001

6. 不同组织背景下的大学科学创新能力的方差分析

本研究将进一步检验调研样本高校的组织背景对大学科学创新能力的影响效应，组织背景因素主要包括单位性质、跨学科研究采用的学术组织形式、单位所处的跨学科研究阶段、研究人员规模、本科生规模、研究生规模、博士后规模等内容。方差分析结果见表 8-13 和图 8-3 所示。

表 8-13　不同组织背景下的大学科学创新能力的方差分析（N＝484）

组织背景		大学科学创新能力	
单位性质	N	M	SD
研究型大学	158	5.49	1.73
教学研究型大学	212	4.14	1.93
教学型大学	75	2.85	1.84
独立科研机构	39	4.77	1.29
F 值		17.39***	
组间比较		1,2,4＞3	
跨学科研究组织形式	N	M	SD
课题组或研究计划	181	4.66	1.96
大学实验室	83	4.85	1.85
大学研究所或研究中心	88	3.28	2.14
独立研究院	6	3.80	3.95
重点专项或 985 平台	39	5.53	1.79
国家重点合作项目	15	4.48	2.47
国家实验室或工程研究中心	31	4.40	2.93
企业合作项目	28	3.55	2.15
国际合作项目	13	3.07	1.70
F 值		1.89	
组间比较	1,2, 3,4,5,6,7,8,9		
所处的跨学科研究阶段	N	M	SD
学科内部合作	192	4.53	1.97
相邻学科合作	163	4.17	1.96
多学科合作	40	5.39	1.88
交叉学科合作	51	5.03	2.06
完全跨学科合作	12	4.30	2.68
学科融合与创新	26	4.42	1.72
F 值		2.56	
组间比较	1,2, 3,4,5,6		

续表

组织背景	大学科学创新能力		
研究人员规模	N	M	SD
50 人以下	122	3.70	1.75
50－200 人	59	3.79	2.10
200－500 人	53	4.01	1.70
500 人以上	250	5.04	1.79
F 值		18.88***	
组间比较		4＞3,2,1	
本科生规模	N	M	SD
1000 人以下	38	5.05	1.75
1000－5000 人	95	3.93	1.89
5000－10000 人	78	4.35	1.87
10000 人以上	273	4.81	2.02
F 值		3.55*	
组间比较		1,4＞2,3	
研究生规模	N	M	SD
200 人以下	59	3.96	1.96
200－500 人	74	4.73	1.71
500－1000 人	78	3.81	2.07
1000 人以上	273	4.97	1.94
F 值		5.56***	
组间比较		4＞2＞1,3	
博士后规模	N	M	SD
20 人以下	149	3.46	1.88
20－50 人	81	4.29	1.62
50－100 人	76	4.86	2.04
100 人以上	178	5.58	1.61
F 值		27.67***	
组间比较		4,3＞2＞1	

＊P＜0.05　＊＊P＜0.01　＊＊＊P＜0.001

方差分析结果表明,不同组织背景下调研样本高校的科学创新能力存在显著差异。从单位性质来看,研究型大学、独立科研机构、教学研究型大学在科学创新能力上显著高于教学型大学;从研究人员规模来看,研究人员规模大于 500 人的高校在科学创新能力上显著高于研究人员规模在 50 人以下、50－200 人以及 200－500 人的高校,即科学创新能力水平与研究人员规模成正比关系,上述数据与我国高校的现实情况十分吻合,我国研究型大学和独立科研机构的研究人员规模一般高于教学研究型大学和教学型大学，其科学创新能力也显著高于教学研究型大学和教学型大学。从本科生规模来看，本科生人数在 1000 人以下和 10000 人以上的高校在科学创新能力方面显著高于 1000－5000 人和 5000－10000 人的高校；从研究生规模来看，研究生人数在 1000 人以上和 200－500 人之间的高校在科学创新能力方面显著高于 200 人以下和 500－1000 人的高校；从博士后规模来看，博士后人数在 100 人以上和 50－100 人的高校在科学创新能力方面显著高于 20 人以下和 20－50 人的高校，上述数据与我国高校的现实情况也十分吻合，本科生人数很少和很多的高校往往是独立科研机构和研究型大学，研究生人数和博士后人数多的高校往往是研究型大学，因此，它们的科学创新能力水平明显较高。

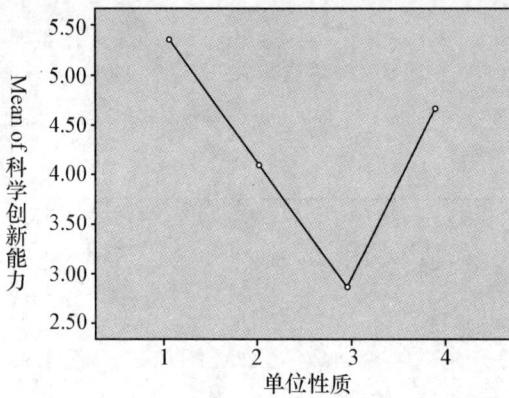

图 8-3　大学分类与科学创新能力关系
注：1＝研究型大学　2＝教学研究型大学　3＝教学型大学　4＝科研机构

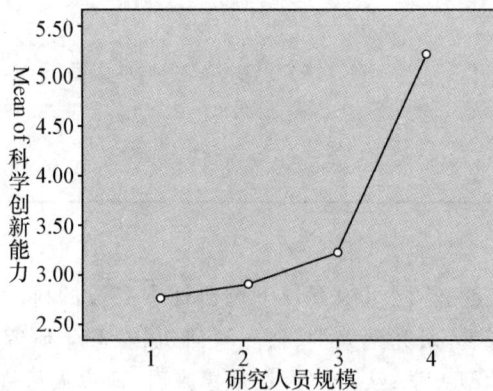

图 8-4　研究人员规模与科学创新能力关系
注：1＝50 人以下　2＝50－200 人　3＝200－500 人　4＝500 人以上

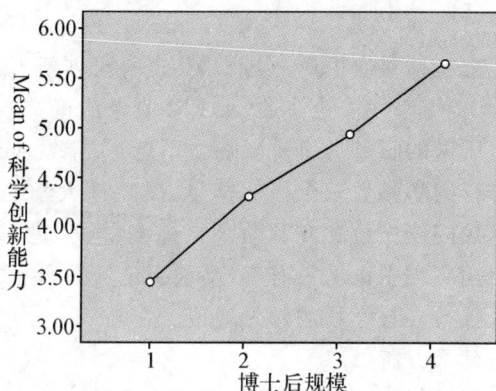

图 8-5　博士后人员规模与科学创新能力关系

注:1=20 人以下　2=20—50 人　3=50—100 人　4=100 人以上

方差分析结果还表明,不同的大学跨学科学术组织形式之间以及所处跨学科研究阶段不同的高校之间其在大学科学创新能力方面没有显著差异,然而从均值数据和均值相关关系图来看,依托国家重点专项或 985 平台的大学跨学科学术组织,其科学创新能力水平相对较高,这些数据充分说明我国大学跨学科研究体系在相当程度上基于国家政策导向的模式,举国体制和行政管理在推动和促进跨学科教学与研究以及科学创新能力方面有一定的作用,但是并没有形成显著差异。同时,处于多学科合作和交叉学科合作阶段的大学,其科学创新能力水平相对较高,而处于完全跨学科合作和学科融合与创新阶段的大学很少,其科学创新能力明显不足。这充分说明我国大部分高校目前仍处于跨学科合作的初级阶段,即多学科合作和交叉学科合作阶段。

二、中国一流大学科学创新能力的数据分析

(一)评价对象和范围

2009 年进入《世界大学科研竞争力排行榜》的单位主要包括美国 ESI 数据库中近 11 年来论文总被引次数排列在前 1%的共计 1475 所大学和机构。这些大学和学术机构非常具有代表性。

(二)数据来源

论文指标利用的是美国 ESI 数据库 1998 年 1 月 1 日至 2008 年 12 月 31 日的数据。专利指标使用的是美国 DII 数据库 2004—2008 年这 5 年的数据。高被引论文,是 ESI 根据论文在相应学科领域和年代中的被引频次排在前 1%以内的论文。热门论文,是某学科领域发表在最近两年间的论文在最近两个月内被引次数排在 0.1%以内的论文。ESI 的基本划分包括 22 个学科数据。

（三）指标体系

大学科学创新能力包括科研生产力与影响力，科研创新力与发展力两个指标。其中科研生产力用近 11 年来发表论文数（被 ESI 收录的论文数量）来衡量，反映该大学对世界学术交流所做的贡献。科研影响力用近 11 年发表论文总被引次数、高被引论文数和进入排行的学科数三个指标衡量，反映该大学的影响面和学术辐射范围。科研创新力用热门论文数和专利两个指标衡量，反映大学学科的源动力和新颖性。科研发展力用高被引论文占有率（高被引论文数/论文发表数）来衡量，反映该大学有能力持久保持在该学科的领先地位。

（四）评价内容与结果分析

根据 2009 年发布的世界一流大学与科研机构学科竞争力评价报告，中国整体科研竞争力显著提升，中国大陆位居全球第 12 位，总分是 30.13 分（美国 100 分），与 2007 年的评价结果相比提升了 8 位。

（1）中国大学距离世界一流大学仍然有较大差距。美国、英国、德国、日本和法国这五个国家囊括了约 75％的排名前 100 位的世界顶尖大学，65.5％的排名前 200 位和 64％的排名前 300 位的世界高水平著名大学。中国前 100 名是 0。前 200 名有 3 所，占总量 1.5％，北京大学（155）、清华大学（156）和浙江大学（165）；前 300 名有 7 所，占总量 1.75％，南京大学（266）、上海交通大学（267）、中国科学技术大学（268）、复旦大学（282）。前 600 名的大学有 20 所，除前 7 名外，还有山东大学（408）、吉林大学（418）、四川大学（422）、南开大学（426）、武汉大学（439）、中山大学（447）、华中科技大学（461）、哈尔滨工业大学（483）、大连理工大学（517）、兰州大学（518）、西安交通大学（550）、天津大学（562）和北京师范大学（575），占总量的 3.33％。从上述数据可以看出，我国大学整体科研水平在世界范围内仍属于中等偏下水平，其中优秀科研团队和创新体系是中国大学面临的最大问题。

（2）中国大学高质量的论文数量与世界科研强国相比仍然差距较大，中国大学创新型科研成果距离世界科学强国还有很大距离，中国大学一流学科的建设与世界科学强国还存在很大距离。中国大陆高被引论文指标位居第 11 位，热门论文位居第 11 位，说明我国在国际上影响力较大的科学家少，论文创新性低，生产创新知识的人才少。专利总量排名位居第三，绝对数量是美国的 1/5，日本的 1/3，发明专利仅占授权专利的 11％，而科研强国的发明专利比例接近 90％，表明我国创新型科研成果比例很低和创新型科研活动的研究匮乏。根据 ESI（基本科学指标）数据库，中国大陆的高校在学科建设上仍然较弱，仅物理、化学、工程学和材料学等少数学科表现较好。北京大学有 12 个学科（化学排名进入前 10％）、浙江大学有 11 个学科（化学、工程学排名进入前 10％）、清华大学有 8 个学科（工程学、材料科学、计算机科学和化学排名进入前 10％）、复旦大学有 8 个学科（化学排名进入前 10％）、南京大学(化学排名进入前 10%)有 7 个学科进入 ESI 学科排行。中国科学院共有 19 个学科进入 ESI 学科排行,其中生物学与生物化学、化学、计算机科学、工程学、环境科学与生态学、地球科学、材料科学、数学、综合交叉学科、药理学与毒物学、物理学、植物学与动物学 12 个学科已经达到世界一流学科水平(排名进入前 10%)。

(3)从排名前 10 位的大学(哈佛大学、约翰·霍普金斯大学、斯坦福大学、华盛顿大学、东京大学、加利福尼亚大学洛杉矶分校、密歇根大学、加利福尼亚大学伯克利分校、麻省理工学院、多伦多大学)可以看出,世界一流大学的学科都很齐全,并且在每个学科的影响力都很大。世界一流大学具有明显的综合性、前沿性和创新性等特征,必须是高水平的高影响力的研究型大学。

三、提升我国大学科学创新能力的中长期目标

(一)根据《国家中长期科学和技术发展规划纲要(2006—2020)》

到 2020 年,本国人发明专利年度授权量和国际科学论文被引数均进入世界前 5 位,建成若干世界一流大学与科研院所以及具有国际竞争力的企业研究开发机构,形成比较完善的中国特色国家创新体系,取得一批在世界具有重大影响的科学技术成果,进入创新型国家行列。

(二)根据《国家中长期教育改革和发展规划纲要(2010—2020)》

到 2020 年,高等教育结构更加合理,特色更加鲜明,人才培养、科学研究和社会服务整体水平全面提升,建成一批国际知名、有特色的高水平高等学校,若干所大学达到或接近世界一流大学水平,高等教育国际竞争力显著增强。

本研究认为,中国大学在科学创新能力客观数据上的差距可以在未来一段时间内较快地得到弥补(大约需要 10－20 年)。但是,在大学创新文化、创新战略、创新前瞻意识、创新政策和创新体制上的差距是否可以弥补或者是越来越大,这尚是一个未知数。

第九章 跨学科大学学术组织模式设计与构造特征

学科是高等教育系统中各类学术组织赖以存在的最重要的组织基础。当学科组织发生变化时，必然要求大学学术组织模式发生相应的变化。近代高深科学知识的产生和发展导致了知识的专门化发展趋势，与之相应的是学科的不断分化和专门学术领域的形成，并由此奠定了基于学科分化的大学传统学术组织基本模式：大学——学院（学部）——学系（研究所）。伴随知识专门化的深入，学术和科学研究的范围越来越被限制在"无限分割"的专业区域内。这种过度分化的现象，导致了科学和知识生产力的下降。现代科学的发展表明：知识的生产和发现要求学科的开放和综合，而以"问题研究"为中心的跨学科研究的出现正适应了这一要求，跨学科学术组织也应运而生。但是，由于跨学科研究的发展尚未成熟，甚至处于一定程度的无序态，系统化的跨学科组织体系一直难以形成。因此，在学科统合和跨学科研究不断发展的趋势下，构建与之对应的新型大学学术组织模式，已经成为科学和知识生产力发展的必然要求。

一、跨学科型大学的概念

跨学科活动的两大支柱领域是跨学科研究与跨学科教育。现代大学中，跨学科研究与教育的发展潮流，已经从形式转到实质，从表层转到深层，即从"点"上的改革（通过各类跨学科研究中心，将跨学科科研与教学结合在一起的跨学科改革），到"面"上的改革（通过专业设置、课程结构、教材教法体现的跨学科改革），最终发展到"体"上的改革（大学体制和组织结构的整体改革）[1]。跨学科研究和教育改革实质上是一场教育革命，必将引发教育目标、方法和体制结构的全面变革。国外学者已经提出了"跨学科型大学"的新概念，并将其与传统大学作了全面的比较，详见表 9-1。

---

[1] 刘仲林著：《跨学科教育论》，河南教育出版社 1991 年版，第 314 页。

表 9-1 跨学科型大学与传统大学对比 *

比较项目	传统大学	跨学科大学
教学目标	中学式抽象的知识	活泼具体的技能（如何获取知识）
传授	老化的知识	更新的知识
强调重点	内容	结构与逻辑
教学方法	重复法	发现法
教学基础	消极地接受被学究式分科的知识	连续的、批判的、基于认识论的思考
大学本身	被束缚在一种明显的孤独境地，提供一种与生活绝缘的知识	克服大学和社会、知识和现实之间的鸿沟
要求	一个纯等级系统和僵化的教学大纲	依据多学科大纲实施情况进行整体性动态修订
提倡	孤立和竞争	团队性活动和研究

* 引自 OECD-CERI《Interdisciplinary》

从上述比较中，可以看出现有研究仅仅停留在对跨学科大学的概念和理论描述层次，而对于如何构造和运行跨学科大学没有明确的阐述和说明。

二、跨学科大学学术组织构造的因素分析

要提出科学、合理的跨学科大学学术组织结构模型，就必须对构成跨学科大学学术组织的基本要素进行分析。笔者将从系统论和动态组织观点出发，分析影响跨学科大学学术组织构造的基本要素。

（一）科学体系结构和学科分类

学科是大学学术组织最重要的组织基础，因此，学科分类形式依然是构成跨学科大学学术组织首要因素。本文首先参考了联合国教科文组织的学科群体划分方式，即把学科群体看作核心学科和相关学科的内在组合。分类方法如下：(1)自然科学；(2)工程技术；(3)医药科学；(4)农业科学；(5)社会科学和人文科学。这种分类法属于硬分类，一个学科一般只能用一个名称，放在一个位置上，不设交叉学科门类，不能反映现代科学高度分化基础上的高度跨学科化趋势。

在此基础上，提出学科体系软分类结构：将工程技术、医药科学、农业科学归入技术科学类，另外加上以自然科学、社会科学和人文科学、技术科学三大门类为背景跨学科形成的交叉科学。这一学科体系由 4 大门类学科群组成。学科体系软分类结构，详见图 9-1。

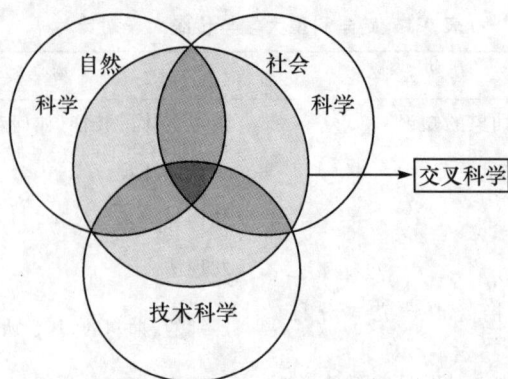

图 9-1　学科体系软分类结构

(二)跨学科(交叉科学)类型

跨学科大学基于上述学科体系结构,同时将以跨学科门类为核心构造学术组织结构,因此需要区分跨学科类型。跨学科类型按交叉程度由低到高排列:(1)比较学科(较低层次的交叉学科,隐含跨学科成分);(2)边缘学科(两门或三门学科相互交叉、渗透而在边缘地带形成的学科);(3)软学科(以管理和决策为中心问题的高度综合性、智能性学科);(4)综合学科(以特定问题或目标为研究对象,综合运用多种学科理论、方法和技术来解决问题,由此而形成的学科);(5)横断学科(在广泛跨学科研究基础上,以各种物质结构、层次、物质运动形式等的某些共同点为研究对象而形成工具性、方法性较强的学科);(6)超学科(超越一般学科的层次在更高或更深的层次上总结事物一般规律的学科)。跨学科层次结构见图 9-2。

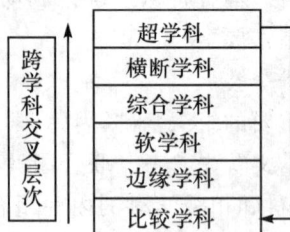

图 9-2　跨学科的层次结构

(三)跨学科大学的功能

跨学科大学依然需要体现大学的三大基本职能,即培养人才、发展科学和社会服务。解决综合性社会现实问题的需要,是跨学科研究发展的活力源泉,因此跨学科大学将更加突出社会服务的功能,并通过有效的反馈系统,实现跨学科大学与社会需要之间良性合作,以达到产学互促共进。

（四）跨学科大学的系统结构

传统大学学术组织基本是采用科层组织结构模式,近年来开始向扁平化、信息化结构发展。跨学科大学将从系统方式出发,构造跨学科的系统结构。系统方式是指全部系统观念按确定方式构造而成的有机整体,整体是系统概念的核心。系统概念由五种最基本的观念组成,即过程观念、环境观念、功能观念、结构观念和层级观念,它们同时作用于跨学科大学系统。我们从这五种基本观念出发,构造跨学科大学的系统结构,详见图 9-3。

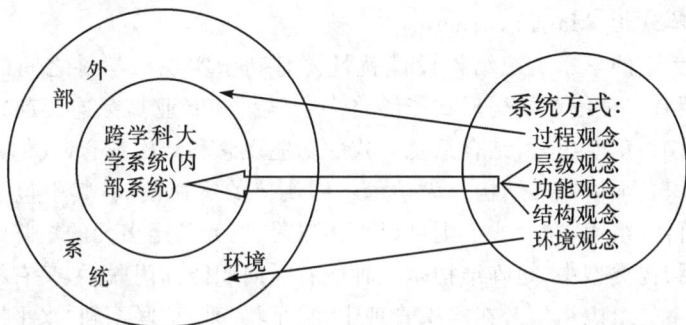

图 9-3　跨学科大学的系统结构

三、跨学科大学学术组织的构造模型

根据组织结构理论,影响组织结构设计的基本因素包括:组织环境、组织技术、组织权力、组织战略和组织规模等五项。结合上一节分析的跨学科大学学术组织的基本构造要素,我们提出一种将职业科层结构、矩阵结构和有机结构相结合的跨学科大学混合系统结构。下面首先阐述跨学科大学混合系统结构的三种构造形式和基本功能。

（一）职业科层结构（Professional Bureaucracy Structure）

从组织环境、组织技术角度出发,结合系统方式的过程观念、环境观念和层级观念,我们确定跨学科大学学术组织的构造模型首先要依托职业科层结构建立。这是因为:从组织环境来看,大学学术组织相对处于一种稳定的、不确定性小和变化慢的平稳环境中,因此适于选择理性化和标准化的科层结构。从组织技术来看,大学学术组织的组织技术就是它的知识基础,是基于复杂多样的学科知识体系之上的;组织成员也都是工作技能标准化的职业专家,他们对工作具有相对独立的权力控制,这完全符合职业科层结构工作自治性强的基本特征。从大学学术组织结构的发展过程来看,科层结构已经成为一种典型的传统学科组织结构模式。而跨学科大学依然是建立在学科分类体系之上的,具有很强的历史继承性,因此采用以自然科学、技术科学和社会与人文科学三大学科门类为基础的职业科层结构是理所当然的。

职业科层结构的基本优势功能就是强调工作技能标准化，在大学学术组织中则体现为知识和专业的标准化，同时，提供较高程度的工作自治权力，这是非常符合大学学科组织的特点和工作要求的。它的功能缺陷是存在协调问题，即专业人员之间、专业人员同其他组织成员之间以及专业组织之间的协调十分困难，这就产生了条块分割（pigeonholing）现象；同时，由于组织灵活性差，限制了创新功能的实现。因此，我们提出通过矩阵结构和有机结构来解决这两个功能缺陷。

（二）矩阵结构（Matrix Structure）

跨学科大学的学术组织结构设计就是要有利于实现跨学科之间的教育和研究，这就需要有一种组织结构形式能够将多个学科和专业贯穿连接起来。从组织战略和组织权力角度出发，结合系统方式的功能观念和结构观念，我们确定跨学科大学学术组织必须以矩阵结构作为学术组织实体的运作模式，其中包括矩阵教学组织和矩阵科研组织，在形式上则可以采用二元、三元乃至多元的矩阵结构。

在组织结构类型中，矩阵结构是一种既有纵向职能部门联系，又有横向跨各个职能部门联系的组织结构。在组织管理中，它是将"垂直"联系和"水平"联系，集权化和分权化较好结合起来，既讲分工又重视协作的一种组织结构。这种结构恰恰适应了跨学科学术组织的需要。从矩阵结构的组织功能来看：①以解决问题为目标，根据解决问题的需要来安排具体组织结构。这正是从事跨学科研究所要求的。②以任务、工作为中心，以项目开发为目标，一开始就必须从各主要职能部门抽调各类专业人员，这种结构加强了组织内部各部门的联系和协作，形成了高度有机的协调体系，从而打破了人为的条块分割。③组织之间的信息交流以横向为主、纵向为辅，横向第一线的项目、问题和任务信息作为矩阵结构的中心和起点。这种柔性结构灵活性强，有利于开展创造性活动，适合组织创新战略的实施。矩阵结构组织的这些优势功能特别符合跨学科大学学术组织的工作性质和特点，因此，我们选用矩阵结构作为跨学科学术组织的实体运作模式。它的功能缺陷是问题解决通过各个职能部门人员的讨论和协商，往往时间较长，工作效率不高。

（三）有机结构（Organic Structure）

有机结构是针对科层结构的功能缺陷提出的。它的基本特征是不强调标准化，灵活性和适应性强。从组织环境和组织规模角度出发，结合系统观念和大学的基本功能要求，我们将有机结构作为协调和统一跨学科大学复杂组织系统的有效模式。这是因为：

跨学科大学的组织环境发生了变化，原有的单学科模式和强调组织内部系统作用的组织环境已不复存在。学科统合趋势和社会导向作用的明显加强，使学科组织的不确定性增加；与此同时，伴随跨学科大学组织规模的扩大，组织复杂程度日益加深,需要在保持组织灵活性的同时,加强组织部门之间的协调。从系统观念来看,跨学科大学系统内外部环境的协调,以及大学三大基本功能之间的平衡,都需要灵活性强的组织结构作为连接装置来进行相互调整或直接监督,形成一种集权有机结构,保证跨学科大学系统的整体功能效益。在这种情况下,有机结构组织成为最好的选择。

正是以上述职业科层结构、矩阵结构和有机结构为主体,结合跨学科大学学术组织的基本构成要素,我们可以构造出跨学科大学混合系统结构的基本模型,详见图 9-4。这是一种理想的大学组织模式。

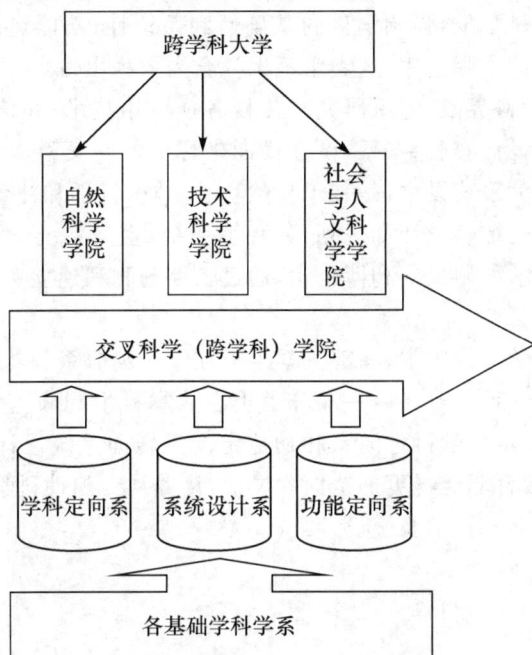

图 9-4　跨学科大学模式构造图

四、跨学科大学学术组织的系统功能

基于跨学科大学模式构造图,我们对跨学科大学的系统功能提出一些简单的机制设计。

(一)跨学科教育与跨学科研究的一体化功能

跨学科大学混合系统组织结构以交叉科学(跨学科)学院为横向坐标,

以自然科学学院、技术科学学院和社会与人文科学学院三大综合学院(下设专业学系)为纵向坐标,将学科树型结构编制成网状结构,并通过交叉科学学院的矩阵科研组织(三元——学科、项目、社会需求)、矩阵教学组织(多元)将跨学科教育和跨学科研究有机结合起来，充分体现了跨学科大学的跨学科特征和系统综合功能。矩阵科研组织和矩阵教学组织作为跨学科学术组织的基层实体，分别实现跨学科教育与跨学科研究的基本功能。

（二）基础科学理论与科学应用实践有机结合的功能

在学系一级区分层次和功能，设置对应实用—经验层次的学科定向系、对应规范—实用层次的功能定向系和对应目的—规范层次的系统设计实验室（系）等三大跨学科学系。学科定向系和功能定向系一般放在纵向坐标上的三大综合学院中，学科定向系与传统大学的学系建制类似，按学科分系，主要是建立在经验层次的基础科学学科和结构科学上，强调学科的基础性和系统性；功能定向系按功能分系，注重技术在社会中的实际运用，这类学系以社会需要为出发点，以实用功能为核心（矩阵模式），打破学科界限，组织研究和传授各项应用技术，并培养适应本方向的跨学科人才。系统设计实验室（系）设在横向坐标上的交叉科学学院中，它是针对目的—规范层次的大系统设立，是基于自然科学、技术科学和社会与人文科学体系之上进行特定系统的综合设计和规划，如环境系统、生态系统、教育系统等。它一般培养高层次的跨学科硕士生和博士生，通过长期预测和建立系统动态模型，培训系统设计专门人才。

在跨学科大学学术组织中，一部分学生只在学科定向系和功能定向系学习，其他学生在所有三种学系学习。后一部分学生在从本科生到硕士生、博士生的学习过程中，学习重点逐步从学科定向系和功能定向系转向系统设计实验室（系）。这样，跨学科大学的教育职能将更加全面和灵活，培养从专门性科学家或侧重功能的工程师到全面的社会—技术系统设计师。

第十章　跨学科大学的自组织
运行机制与实现条件

跨学科大学不仅要实现组织创新，更为重要的是要实现制度创新。制度创新既是组织创新的客观要求，又是组织创新的有力保障。因此，本章将根据跨学科研究发展的未来趋势，以及跨学科大学混合系统结构的基本模型，提出跨学科大学学术组织运行机制的若干理论设想。

一、跨学科研究发展的未来趋势

当前，国际跨学科研究发展的未来趋势主要表现为：跨学科研究在发展的速度上呈现加速拓展的态势，跨学科研究发展的形态上由线性交叉转向立体网络交叉，跨学科研究发展的理论上由理论的综合转向综合性理论的建构，跨学科研究的产生由自然萌发转向自觉的有组织的研究。具体体现在四个方面：

（1）学科跨度加大，研究方式日趋复杂化、规模化。跨学科研究越来越成为跨院、跨所、跨行业以至跨国的合作行为。例如，国际合作的人类基因组测序、可控核聚变等；中国科学院在第三期创新中以"1＋10"基地的研究组织形式，突出跨学科研究作为取得前瞻性、战略性重大创新成果的基本模式。

（2）研究的自组织化程度大大提高。由于研究对象的日趋复杂化，研究者自觉要求突破学科限制，进行跨学科研究的需求和呼声越来越强烈，学科封闭越来越没有市场；大学、研究机构乃至政府也纷纷从顶层加大对跨学科研究的规划和组织实施的力度。

（3）在大学教育、人才培养、人才选择、科研立项以及科技资源配置和共享等问题上，社会各界开始重视和接纳跨学科研究的价值观；大科学和大工程的跨学科研究更要务实组织多学科和不同背景的人员参加，并尽可能地广泛征求各方面乃至公众的意见。

（4）越来越重视自然科学与人文、社会科学在理论及方法等方面的互相渗透、互相借鉴、互相融合，正在形成跨学科研究的活跃领域。

二、现代大学跨学科学术组织的基本特征

跨学科研究引发了现代大学学术组织的根本性变革,进而使跨学科学术组织成为现代大学的重要组织形式。因此,要考察跨学科研究对现代大学学术组织变革的影响,首先需要分析跨学科学术组织的基本特征。美国印第安纳州立大学伯恩鲍姆副教授从 1975 年开始,从 13 所美国大学和 1 所加拿大大学里挑选了 84 个跨学科科研项目进行调查。在他的论文《大学跨学科研究——成功科研项目的特点》中,提出了跨学科学术组织的 8 项基本特征[①]:①研究组具备多种专业知识;②研究组成员运用不同方法来解决问题;③研究组成员运用不同方法来解决问题;④研究组成员研究一个共同的课题;⑤研究组对最终研究结果共同负责;⑥研究组成员合用共同的设备;⑦按研究课题性质决定研究组成员人选;⑧研究组成员彼此都受到各人工作方法的影响。现实中的跨学科学术组织常常不同时具备上述全部特征。

与此同时,基于对 62 个跨学科学术组织所做的调查表明,拥有不同的知识门类、共享核心设备、解决问题的不同方法和根据课题选择成员是跨学科学术组织最常见的特征,如表 10-1 所示。

表 10-1   62 个跨学科学术组织的特点

跨学科学术组织特点	涉及跨学科学术组织数量	所占百分比(%)
1. 不同的知识部门	57	92%
2. 解决问题的不同方法	51	82%
3. 不同的作用机制	28	45%
4. 共同的课题	37	60%
5. 对成果的负责	42	68%
6. 共享设备	60	97%
7. 课题选择成员	50	81%
8. 完成任务过程中的相互影响	35	56%

过去的几十年中,跨学科研究(IDR)的各种组织形式或者结构模型一直在改进。它们的组织结构将沿着两个范围来安排:一端是个人研究者(等同于博学者)——已经深刻理解了两个或两个以上学科的一手资料并能将它们整合;在另一端可能是拥有多重政府资金的组织机构代表,提出如“关注火星生命”这一雄心勃勃的目标,最终由上千名科学家和工程师来完成。跨学科的组织模型也可能是不同组织机构之间的合作,分享不一样的物理空间,或者在同一个物理中心,拥有大

---

① 刘仲林著:《跨学科教育论》,河南教育出版社 1991 年版,第 128－129 页。

规模的和永久性的"合作实验室"。不管学术组织结构是怎么样的,都应允许研究者在跨学科合作的环境中,充分交流和分享思想,以推动跨学科研究蓬勃发展。跨学科组织机构的政策必须使思想和人员的流动成为可能,这些政策包括教师的任命和薪资水平、教师招聘、任职和晋升决定、间接费用划分、项目补助拨款、开发新课程和课外材料等。美国促进跨学科研究委员会基于 100 个跨学科研究群体或中心样本,识别和分析了当前主流的跨学科研究组织结构模式,并从实验室、物理空间分配以及团队成员等几个方面总结了跨学科学术组织的特征和分类模式,详见表 10-2。

表 10-2　跨学科研究学术组织结构分类模式

跨学科学术组织类型	行为特征
小型跨学科学术组织 (少于 10 人)	自下而上发起设立学术组织 以研究为主,培训和培养人才是副产品 松散式管理结构(无专职领导) 许多研究者有相应的学科研究领域或职业承诺
大型跨学科学术组织	自下而上发起设立,或者自上而下的孵化培育与管理 具有研究和培养人才双重功能 有专职领导,直接向主管科研或设备的副校长汇报工作 倾向于设立永久机构,拥有新建筑和设施 研究中心联合雇佣教职员工,教职员工又隶属于院系组织 空间分配:同时拥有永久设施和"旅馆"设施
产业跨学科组织	自上而下有组织地设立,从事产品导向的研究 以研究为主,基本不培训和培养人才 结构化的管理模式 不连续的研究时间节点并有项目终止期限 研究者在不同研究团队之间自由流动
国家实验室	自上而下,目标驱动和自下而上设立模式同时存在 具有研究和培养人才双重功能 结构化的管理模式 不连续的研究时间节点并有项目终止期限 研究者在不同研究团队之间自由流动
产业之间、大学之间以及产业与大学的联合组织	自上而下,社会需求驱动的研究(基础与应用研究) 具有研究和培养人才双重功能 有兼职领导和设立项目咨询委员会 常常有大型团体或组织的资金支持(如国家科学基金资助的国家科学与技术中心、国家工程研究中心) 在种子基金之外,教职员工还需要获得其他的资金支持 项目常常会涉及跨学科研究机会与领域

基于跨学科学术组织分类模式和基本特点，笔者总结出现代大学跨学科学术组织的五项重要特征。

（1）大学跨学科学术组织是建立在基于学科分化的传统学术组织（院、系划分）之上的，与此同时，通过打破学科和院系组织界限，进行广泛的跨学科教育和研究。

（2）大学跨学科学术组织是以学科群（树状化）结构为基础，按实际需要（研究问题）以不同的集合方式将学科群连接成网状化学科结构，并形成了以某一学科（群）为主体的组织体系。

（3）大学跨学科学术组织一般都建立了严密而又灵活的组织体系。各国大学一般根据实际需要，通过设置功能定向的跨学科计划、实验室、研究中心、研究所、课题组、跨学科研究协会等学术组织，将跨学科协作实体化和体制化。

（4）大学跨学科学术组织在进行跨学科研究的同时，注重开展跨学科教育，从而培养出大量的高层次、跨学科和复合型人才。

（5）大学跨学科学术组织在自身发展过程中，以社会实际需要为出发点，吸引了广泛的社会（产业界、政府等）参与，这是大学跨学科学术组织得以迅速发展的动力源泉，并由此解决了许多社会实际问题，真正实现了产学共进。

三、跨学科大学自组织运行机制的理论分析

大学是以知识为材料，以学科为单元，以教学和研究为基本技术的学术组织系统。大学学术组织是从事教学和科研的组织，"它的任务和工作是围绕知识（或知识群类）而进行，知识专业是一切其他工作的基础"[①]。"知识群类可宽可窄，可围绕普通知识模式进行组织，也可围绕专门知识模式进行组织，但无论宽窄，学科都是重要的组织基础"[②]。跨学科大学依然是以学科为中心进行组织的，它的组织原则是沟通两个或两个以上不同层次，对不同层次的术语、概念和学科结构进行协同。跨学科大学作为一个由多个学科子系统构成的综合系统，在宏观上和整体上表现出一定的结构和功能，它的组织特征是学科子系统之间互相配合产生协同作用和合作效应，从而使跨学科学术系统处于自组织状态。

跨学科大学的核心组织是跨学科学术组织（包括跨学科研究和跨学科教育），跨学科学术组织的形成遵循跨学科发展的自组织循环模式。因此，跨学科大学满足自组织系统的基本条件：

（1）是一个开放系统（跨学科大学系统与社会环境有信息交换）；

（2）系统远离平衡态（跨学科大学系统内部的初始状态是非平衡的、无序的，各

---

① ［美］伯顿·克拉克著：《高等教育系统——学术组织的跨国研究》，杭州大学出版社 1994 年版，第 16 页。
② ［美］伯顿·克拉克著：《高等教育系统——学术组织的跨国研究》，杭州大学出版社 1994 年版，第 16 页。

种学科子系统自我生长和延伸,处于混乱无序状态);

(3)系统内部各个要素之间存在着非线性的相互作用(跨学科大学系统内部,学科子系统之间并不存在简单的线性对应关系,而是非线性相互作用);

(4)存在正反馈作用,即涨落导致有序(在跨学科大学发展过程中,总是存在某些关键因素导致跨学科作用不断加强)。

四、跨学科大学自组织运行机制的实现条件

从自组织系统运行的基本条件出发,我们可以对跨学科大学自组织运行机制的实现条件做出预测分析。

(一)充分开放:跨学科大学系统自组织运行的前提条件

热力学第二定律指出,与外界无任何交换关系的孤立系统(封闭系统),其熵变(dS)总是自发地趋向增加,即自发地走向混乱和无序。这类系统决不可能自组织。根据耗散结构理论给出的公式:dS＝deS＋diS

在开放条件下,系统内熵产生,即 diS≥0。如果系统充分开放,从外界引入足够的负熵,使 |deS| >diS,则有 deS<0,于是系统总熵本身下降。熵降低意味着有序程度提高,系统就有可能自发地组织起来,形成有序结构。因此,跨学科大学系统必须实现充分开放。

(二)内部学科子系统的非线性相互作用:跨学科大学系统自组织运行的内在动力

自组织理论指出,系统中的各要素或子系统间的非线性相互作用是系统自组织演化的内在动力。在非线性相互作用下,系统产生了整体行为。跨学科大学系统中,内部学科子系统的非线性相互作用,产生竞争和协同,促进跨学科的发展,推动跨学科大学系统自组织演化。

(三)跨学科发展的正反馈作用(涨落):跨学科大学系统自组织运行的原始诱因和内部序参量

涨落对于系统自组织演化来说,是受必然性支配的随机诱因。从跨学科大学系统的运行看,跨学科发展的正反馈作用是使系统进化到更有序状态的诱因,它驱动了各个学科子系统在延伸和生长过程中的非平衡过程,同时它成为内部序参量,最终支配了系统的演化趋势,从而达成有序态。

(四)社会现实需要:跨学科大学系统自组织运行的外部控制参量

大量的社会现实需求是综合的、不分学科的,跨学科大学正是适应现代社会需要的产物,跨学科大学功能的发展在很大程度上是适应社会、经济发展的结果。按照自组织理论,社会现实需要可以看作跨学科大学系统发展的控制参量,它的作用就是从社会环境中输入外部信息,引导和控制跨学科大学的自组织演进。

(五)自组织循环:跨学科大学系统自组织运行的基本形式

从系统演化的角度看,系统自组织演化总是构成一定的层次结构,并使层次结构组织性增强,或在层次上向组织性更高的层次跃迁。跨学科大学演化的组织形式也是从低级到高级(处在不同组织层次)的不同发展水平,它同时具备正负反馈链,正反馈链可以自我创新、增长自身;负反馈链可以抵御外部干扰,及时调整自身、稳定自身。自组织循环模式最终为跨学科大学演进所提供的,就是自我学习、自我创造的合理性和能力。

五、跨学科大学成功运作的关键因素

有效的跨学科大学运作模式通常包括一些必要的关键因素,如跨学科战略定位、持续和广泛的沟通、天才的领导(领军人物)、恰当的报酬系统和激励机制(职业开发和财务激励机制)、充足的时间、探索期的种子基金以及支持风险性研究的意愿。具体见表 10-3。

表 10-3　跨学科大学成功运作的关键因素

关键因素	基本行为特征
初始阶段:构建 沟通"桥梁"	解决共同问题 共同的领导 有鼓励教师和研究者合作的环境 建立团队文化与价值观 设立种子或联合基金 在同一个研究所或研究机构设立学术讲座以鼓励学生、博士后以及专业教师和研究者的互动 团队成员之间经常性的会面 在项目开始阶段设定好目标
支持跨学科项目	在研究领域设立科学和工程博士学位计划 支持跨学科项目启动和组合团队 不间断的和灵活的资助方式 风险承担意愿 对未来高影响领域的潜力识别 基金组织的卷入与支持
基础设施	为研究者提供共同工作的物理地点(虚拟技术) 共享的设施与仪器设备 推动研究者之间的交流机会(如设立咖啡吧)
组织与管理机制	矩阵式组织结构 对促进跨学科研究领导者的报酬机制 有利于跨学科研究工作的任职及晋升政策 利用具有跨学科研究经验和研究广度的专家作为绩效评价者 对跨学科研究的优秀参与者给予职业承认

六、跨学科大学学术组织体系有效运行的条件

现代大学学术组织变革的一个重要趋势就是基于学科综合特性的跨学科学术组织的蓬勃发展。从学科发展史来看,大学学科发展经历了不断分化的过程,形成了由点到线的树状化结构;20世纪以来,伴随着学科统合发展趋势,大学学科发展的树状化态势发生了转折,日渐形成由线到面的网状化学科结构。因此,原有基于学科分化特性的大学学术组织(学院—学系/学部—研究所)模式已经不合时宜,这必然导致大学跨学科学术组织的出现。正是跨学科学术组织的出现,有力地促进了自然科学、技术科学和人文与社会科学之间的知识渗透、学科乃至门类的交叉,从而编织成一张大网,推动科学和知识走向整体化。

根据现代大学学术组织的变革趋势和跨学科学术组织的重要特征,我们可以构建出跨学科大学学术组织体系有效运行的基本条件。

(1)建立多学科型、流动型和协作型的跨学科大学运行体系,将跨学科大学的各类学术组织有机衔接起来,形成一个综合的跨学科学术系统。这个跨学科学术系统至少应该包括下列基本机制:

——保证代表不同知识门类的多学科之间的有效合作和交流。在灵活设置跨学科学术组织的基础上,尽量减少人为的学术分割,弱化学科组织严格界限。

——保证学术成员可以在学科组织之间自由流动。不将学术组织成员固定在某一学科或专业范围内,允许学术成员根据课题需要和个人研究志向自由选择各类学术组织。

——保证科研和教学设施在整个跨学科学术系统中充分共享。这既是跨学科研究的必要保障,也是提高跨学科科研课题项目效益的有效措施。

(2)建立将跨学科研究与跨学科教育有效结合的运行体系,在跨学科研究和开发过程中,促进跨学科人才的培养。严密而灵活的跨学科研究和跨学科教育体系,是保证跨学科大学高效运行的基础。

(3)建立广泛的社会支持和参与体系,充分发挥跨学科研究的社会服务功能,实现产学研互促共进,推动跨学科研究的持续发展。跨学科大学作为一种系统组织,包括内部系统(组织机制)和外部系统(社会环境)。因此,应当建立充分的社会合作机制,吸引社会各界对跨学科学术系统的财政和人力支援,同时将跨学科研究成果服务于社会,实现内外部系统的充分协调。

第十一章　中国高校跨学科学术组织建设与发展的长效策略

一、我国当前正在进行的大学学术组织变革

进入 21 世纪以来,我国高等教育结构正处在新一轮的发展变革之中,宏观层面的"共建、调整、合作、合并"工作基本完成,高等学校体制改革和结构调整取得阶段性战略成果。在此基础上,高等学校内部管理体制改革正待深入进行,其中高等学校的学术组织结构重组和再造就是此项改革的一项重要内容。我国大学学术组织的变革与重组已经进入实质化阶段。由于受到传统大学学术组织模式的惯性影响,同时也没有适合我国国情的先例可以照搬,因此,我国大学学术组织再造和创新工程的实施举步维艰,还需要相当长的时间来实践和探索。我国大学学术组织结构的变革主要集中在以下几个方面:

(1)众多合并高校一跃成为综合性大学,合并高校在规模上迅速扩大,学校通过优化组合,以形成规模效益,提高资源利用率为根本目标,为实现学科建设与发展、人才交流与合作、科研设施、图书资源的综合利用、后勤社会化管理等提供了良好契机。

(2)多数综合性大学采用学院制学术管理组织模式,力图实现真正意义上的"大学——学院——学系"三级管理,将学院和学系两级实体化,学院以负责研究生教学和科研为主,学系以负责本科教学为主;与此同时,在各学院内部和学院之间逐步实现多学科的交叉融合,形成科学、先进的学科群结构,最终达成学科结构性效益。

(3)开始重视加强科研管理和队伍建设,纷纷设立研究所和研究中心,逐步将科研组织实体化和体系化。各高校根据实际情况,在学院和学系一级设立研究所和研究中心;同时,将科研体系灵活化,鼓励跨系、跨学院科研合作,鼓励以兼职教授身份从事多学科的交叉科研活动,但是由于涉及方方面面的机构协调和措施调整,许多工作尚停留在口号和表面层次。

(4)加强人力资源管理与建设,充分调动广大教职员工的积极性,日益成为深化内部管理体制改革的基础与核心工作。我国大学已经认识到学术组织的生命力和学术创新的源泉,均来源于广大教师富有创造性的教学、科研和社会服务等活动。因此,各项管理措施的出台都应该体现"以人为本"的管理理念,切实奉行民主和"尊重知识、尊重人才"的精神,形成凝聚和创新的大学管理文化,激发教师和员工的创造力,从而最终实现大学的组织目标和功能。

二、构建我国跨学科大学学术组织系统

要实现和保证我国大学跨学科学术组织系统的良好运转,需要从内部环境和外部环境出发构建大学跨学科系统,需要创造有利于大学跨学科教学与研究发展的自组织环境,保持硬(直接)控制和软(间接)控制的平衡。

(一)我国大学跨学科内部系统的建设

建立多学科型、流动型和协作型的跨学科大学系统,将跨学科大学中的各类学科组织有机衔接起来,形成一个综合的跨学科学术系统。通过严密而灵活的跨学科学术组织体系,促进跨学科的持续发展,通过它(内部序参量)自发驱动各个学科子系统在延伸和生长过程中的非平衡过程,最终支配跨学科大学的演进趋势,达成有序态,从而保证跨学科大学的高效运行。

建立将跨学科研究与跨学科教育有效结合的运行体系,在跨学科研究与开发过程中,实现跨学科人才的培养。跨学科大学学术系统中除了包含各种类型的跨学科科研矩阵,也包括很多二元或三元的跨学科教学矩阵。根据学科发展需要,跨学科研究人员可以在从事跨学科研究过程中,承担起相应的教学和指导研究生的工作,一方面积极培养具有跨学科研究能力的科研人才,另一方面在时机成熟时,可以将临时性的跨学科学术组织,发展成为正式的新兴学科的学术教育和研究组织。跨学科大学系统的自组织运行,需要保证各个学科子系统和学术组织之间的协同与合作,因此必须有一系列的支持性政策与之相配套。主要涉及以下几个方面:

(1)学术权力与行政权力的适当区分。跨学科大学学术系统以系统混合模式为主体,这其中必然涉及各个学术组织与行政组织的关系问题,学术权力和行政权力之间发生冲突也就在所难免。因此,在跨学科大学内部管理体制中,应当提倡学术与行政相对分离,明确区分和界定学术性事务与行政性事务。学术组织和行政组织拥有各自的学术权力和行政权力,各司其职,各行其是;同时必须明确和坚持学术的主体原则和行政的服务原则,充分发挥"教授治校"的大学学术组织原则。

(2)加强关于学科建设和促进学术发展的政策研究。跨学科大学建设是一项战略性工作,必须有科学的理论支撑。因此,应当注意追踪交叉科学的发展动向,深入研究跨学科发展理论,为促进跨学科大学建设提供可行性方案,为跨学科学系、专业的设置提供科学依据。在学科建设和学术发展过程中,必须树立竞争观念

和国际化观念。竞争在本质上是系统组织有序化的推动力量，要充分利用学术竞争机制，激发学术成员的创造精神；国际化观念就是全面开放观念，要将跨学科研究放在国际水平线上，加强与国外高水平同行的合作，把握世界跨学科研究的发展方向。

（3）建立"尊重知识、尊重人才"的以人为本的大学学术组织文化。将"以人为本"、"重在基层"的理念作为跨学科大学的学术管理目标。跨学科大学是以基层（跨学科）学术单位作为运作主体，广大教师是基层学术单位的活力源泉。因此，必须落实和保障教师权益，从精神、制度和物质等方面为广大教师营造良好的学术生态环境，充分调动教师的积极性，促进学术生产力的不断提高。

（二）我国大学跨学科外部系统的建设

建立广泛的社会支持和参与体系，充分发挥跨学科大学的社会服务功能，实现产学研互促共进，保证跨学科大学的可持续性发展。跨学科大学作为一种系统组织，包括内部系统（组织层次、结构和功能）和外部系统（社会环境）。跨学科大学是适应现代社会需要的产物，跨学科大学的发展在很大程度上是适应社会、经济发展的结果。

按照自组织理论，社会现实需要作为跨学科大学系统发展的控制参量，从社会环境中输入外部信息，同时输入社会各界的人力、资金和技术支持，引导和控制跨学科大学的自组织演进。社会环境作为跨学科大学的外部系统，它的属性和变化将直接影响跨学科大学系统的演进历程，这是通过系统的输入和输出作用实现的。它意味着社会环境通过对跨学科大学系统的信息交换作用，向跨学科大学系统输入负熵流，引导跨学科大学向有序态发展，这完全体现了外部环境的控制参量作用。因此，跨学科大学应当建立充分的社会合作机制，吸引社会各界参与跨学科大学建设，为跨学科大学学术系统提供人力和物力支援，同时将跨学科研究和跨学科教育的成果服务于社会，实现内外部系统的充分协调。正如 Hall（1962）在讨论现代组织设计的基本策略时指出："实质上，组织设计的成败由系统达到的适应性，即与环境的协调程度来衡量。"跨学科大学的组织结构设计也是如此。

三、我国大学跨学科学术组织建设与发展的长效策略

我国大学跨学科教育与研究发展的关键制约因素是学科分割、制度障碍和组织障碍。因此，本研究将基于制度理论、系统动力理论、组织再造理论和利益相关者等理论来设计大学跨学科学术组织模型。大学跨学科教育与研究的实现条件包括跨学科机构领导者和教育管理者（政策制定者利益机制）、跨学科学术组织模式（参与者利益机制）、跨学科教学模式（学习者利益机制）、跨学科研究模式（研究者利益机制）、跨学科资助组织模式（资助者利益机制）、跨学科成果评价机制（价值链分享机制）以及跨学科专业社会网络（协会、学术期刊等团体利益机制）等内容。这是本研究的政策建议基础。

我国大学主体上应当采用基于跨学科的矩阵式学术组织模型,即以交叉科学学院为横向坐标,以自然科学学院、技术科学学院和社会与人文科学学院三大综合学院(下设专业学系)为纵向坐标,将学科树型结构编制成网状结构,并通过交叉科学学院的矩阵科研组织(三元一体——科学与学科兴趣、科学项目与技术、社会实践问题)、矩阵教学组织(多元)将跨学科教育和跨学科研究有机结合起来。矩阵科研组织和矩阵教学组织作为跨学科学术组织的基层实体,分别实现跨学科研究与跨学科教学的基本功能。同时,部分有条件的大学应当实验和采用基于跨学科的无边界学术组织模型,即设立独立的实体型跨学科学术组织(包括跨学科教学与科研合一的研究计划、项目组、实验室或研究中心等各种形式),在聘用、评价、资助、分配机制等方面灵活多样。

（一）改革高等教育管理体制与运行机制

基于动态学科组织和学术治理结构,改革高等教育管理体制与运行机制,将大学学科组织创新和治理结构完善作为高等学校发展的基本建设任务来抓。要深刻认识到高等教育所承诺的培育人才、发展科学和服务社会等职责,只有依靠学术性活动才能完成,只有依靠学术创新才能保证高等教育的质量与效益。

下一步的行动建议(政府部门与高等学校):

建议1:借鉴美国卡内基教育促进基金会的高等教育机构分类标准,研究制定我国普通高校分类标准,将高等学校划分为研究型大学、教学研究型大学、教学型大学以及社区学院等四大类,清晰界定各自的办学目标,分层次、分类型和分功能办学。将研究型大学定位为国家知识创新体系的主体,引导高校合理定位,在不同层次、不同领域、不同功能上办出特色,适应社会经济发展的多种需求。

建议2:尽快修订1986年颁布的高等学校学科专业目录,改革学科和专业设置的行政审批制度,扩大高等学校办学自主权,让学科专业目录成为学术活动的参考框架或工作向导,而不是制约。设立大学学科(专业)论坛,鼓励各方面的学家学者探讨国内外科学技术、经济社会发展前沿问题和动态趋势,设计面向21世纪需要的新学科专业目录,增设综合交叉学科,体现大学学科的生长性和动态性,以利于实施真正的学分制和因材施教。

建议3:逐步建立和完善有中国特色的现代大学制度,积极推动和实施大学学术治理结构模式。明确区分和界定高校的学术性事务和行政性事务,学术机构和行政机构拥有各自独立的学术权力和行政权力。作为高校基层和中层的各类学术性组织,不设任何行政机构与级别,可配备专职秘书。规范实施高校行政职员制度,除各级行政机构的一把手可以推荐任期制的"双肩挑"外,其他一概为专职行政职员,以利于提升高教管理和服务的专业化水平。建立健全高校行政首长年度工作报告制度,提交高校学术委员会和外部专家委员会评议。

建议4：鼓励大学学科组织形式创新与学术政策创新，各类学术组织的创设由相关学术委员会和学术工作者决定，即由行政主导型向学科自组织型转变。各个学科学术委员会和跨学科学术委员会依法行使学术权力，发挥学术委员会的学术咨询、建议与决策功能，赋予其审查评议各级行政单位首长的年度工作报告职能。赋予基层学术单位与学科带头人充分的学术权力，包括学科规划、学科用人、学科经费、学科资产、日常管理、学术评价、人员流动等合法性学术权力。

建议5：鼓励有条件的高等学校试行大学学部制，减少学院数量，增加学院的学科容量，倡导兴办多学科交叉的特色学院，构建跨学科合作与学术组织创新的生态条件。改革高校教师基于学科专业的"户口制"人事管理模式，实行教学与科研管理的矩阵组织模式，教学由院系管理，科研由独立的研究所或研究中心管理，教师可以根据科研项目需要进行自由学术组合，在校内多个研究单位或学科组织受聘任职、绩效考核、职级晋升与自由流动。

（二）鼓励和实验更多的学术组织结构与学术创新政策

明确国家层次与大学层次的跨学科教育与研究战略，鼓励和实验更多的学术组织结构与学术创新政策以促进跨学科教育与研究，消除制约跨学科学术活动的各种障碍，通过长期核心的支持与投入，以确保跨学科教育与研究的直接参与者、利益相关者等在投入、贡献与收益之间的适当平衡。

下一步的行动建议（政府部门、高等学校与产业界）：

建议6：国家应当制定鼓励跨学科教育与研究的战略规划，明确相应的政策体系、管理制度与评价标准。定期调研、分析和评价我国跨学科与交叉科学研究状况，积极协调各级政府与机构之间的大型跨学科科研合作项目，在人才、项目、基地等各类评审中给予倾斜待遇。在设计国家跨学科教育与研究战略时应当包括社会科学和人文科学（SSH）领域，这将有助于更大范围的跨学科合作和现实问题解决。

建议7：教育部应推动和促进基于学科分化的传统大学学术组织模式向跨学科的大学学术组织模式演变，我国大学整体上适合渐进增量变革模式，宜采用基于跨学科的矩阵式大学学术组织模型，局部上应匹配动态创新变革模式，宜采用基于跨学科的无边界大学学术组织模型。积极探索基于跨学科学术组织的资源分配模式，以促进大学跨学科学术组织的形成和运作，这种资源分配模式应当由跨学科教育与研究的内在知识价值和解决社会现实问题的紧迫性来驱动，以跨越单一学院、学系或者部门的利益机制。

建议8：鼓励研究型大学创设"跨学科研究与人才培养委员会"，制定相应的跨学科教育与研究专项发展规划，以实现原始创新和在学术领域上的优势地位。支持研究型大学以国家实验室、工程研究中心和重大研究计划为依托，设立一批独立的、实体化的跨学科教育与研究机构，以推动新兴学科和交叉学科的发展。加强与国际研究型大学的互动交流,合作创建国际化标准的虚拟研究中心、研究网络和实验室,建立虚拟学术团队和内部交流制度,合理分配与共享核心设施和研究资源,促进校际之间的开放式创新与跨学科合作。

建议9:国家应当在研究型大学设立若干发现创新研究院,它们的任务就是基础科学发现和技术创新,以建立对新产品、新流程和新服务至关重要的知识基础。由中央和地方政府提供核心财政支持,产业界作为合作伙伴提供工作员工和部分财政支持,大学提供创新研究策略与组织实施,将新知识转化为创新产品、过程、服务和系统,在实现创新绩效的同时,通过培养计划、研究活动和契合创新团队的工作模式,培育具备跨学科技能的高质量毕业生。

建议10:切实加强政府、产业界与大学的联系,实现产学研互动。中央和地方政府应当制定标准化且易于执行的知识产权法规与政策,规范和强制高等学校实施技术转移,以促进新知识向市场转移。支持和实施企业科学家、工程师和经理人作为高校访问教师的"实践型教师"的计划,鼓励优秀研究生和博士后学者进入公司的研发实验室和企业博士后流动站,积极推进高校参与大企业研发中心和设计平台的建设,使高校的学科中心、工程研究中心和实验室成为产业研发中心或设计平台。

(三)在高等教育的各个层次培育跨学科人才

强化高等学校的主动变革意识,营造改革人才培养模式的文化氛围和生态条件。基于现代科学知识基础的扩展,应当在高等教育各个层次的人才培养中提供更为全面的方法和技术来解决科学与社会发展的重要现实问题,将社会、经济、环境、政治与法律上的实践问题与科学发现、技术创新及其应用结合起来,以培养高级人才的多样性、创新性和责任意识。

下一步的行动建议(高等学校):

建议11:鼓励高等学校采用综合设计创造与整体化教育模式,逐步塑造以学习者为中心的主动学习环境。以大学生为中心,引进和创建多学科的设计或研究工作室,使得来自工程、法律、医学和商务的学生通过综合课题或基于工作室的活动完成本学科领域或相关学科领域的课程体验,促使学生在跨学科活动中观察、阅读、体验、讨论、发现和解决问题,辨别收集和分析数据,解释、阐明以及评价相关知识结论的重要性和价值。

建议12:在本科生教育层次,鼓励大学生寻求与获取跨学科经验。通过设立面向基础研究问题的传统学科交叉课程或专题,面向社会现实问题的跨学科课程或专题,以及跨越单一学科领域的研究或实验等方式帮助本科生接近跨学科,为其了解其他学科文化、获取新技术及其与相关研究人员建立关系提供机会。

建议13:在研究生教育层次,推动灵活设置跨学科专业,使研究生获得主修领域外的一个或多个领域的必要知识与研究方法。采用多导师制和分类教学科研评价机制，使研究生通过跨学科教育（IDT）和跨学科研究（IDR）项目、涉及不同学科或多个领域的硕士与博士论文、跨学科实习与授予跨学科学位等方式探索多个学科领域的知识与经验。

建议 14：针对博士后学者，鼓励其获取跨学科研究经验并建立跨学科合作伙伴关系。支持博士后学者识别并选择有利于跨学科研究的学术机构和导师，与产业界和非学术机构建立网络联系与实习机制，为博士后学者提供跨学科研究与工作经验的正式和非正式机会。为博士后学者提供跨学科学习的机会，包括 IDR 研讨会、海报会议、报告交流以及社交聚会，帮助他们学习理解其他研究领域或解决现实问题所需要的基础课程、研究过程以及相应的分析技术和方法。

（四）探索和推进跨学科教育与跨学科研究的资助模式

积极探索和推进有利于大学跨学科教育与跨学科研究的资助模式，鼓励资助科学问题而不是资助某个学科或者学校，支持若干所大学和多个学科之间共享教学科研设施，采取灵活预算和多机构合作资助模式，优先支持跨学科教育与研究计划，细化跨学科活动的项目设计与评估标准，以鼓励真正的跨学科研究。

下一步的行动建议（政府部门和产业界）：

建议 15：资助组织（如教育部、科技部、国家自科基金委、国家社科规划办等）应当设立综合交叉科学部，实施跨学科教育和研究领域的优先权计划，将资助重点放在解决科学问题而不是学科上，通过灵活预算保证多机构的长期资助机制，促使大学联合开展合作研究，鼓励不同学科研究人员之间的互动与学习。联合开展诸如美国政府的科学、技术、工程和数学计划（STEM）、研究生系统教育与研究计划（IGERT）或者欧盟政府的多学科博士计划等国家教育行动计划，优先资助跨学科教育，提供特别奖金以支持跨学科教学实践和教材建设，开发跨学科人力资本，为跨学科研究者提供在新领域的培训机会，为 IDT、IDR 会议或学术报告分配资金，增进公众对科学、技术、工程、数学、社会科学以及人文科学之间相互合作的赞赏与理解。

建议 16：跨学科教育与研究是与社会需求和应用背景相联系的，应当发挥国家体制的优势，充分利用国家 973 计划、863 计划以及各级资助组织的重大专项和研究计划，依托研究型大学建设一批跨地区、跨部门、跨行业、跨高校、跨院系的实体性的交叉科学研究平台，由国家财政按项目经费的 25%－40% 向学校拨付科研事业费，给予长期稳定的科研资助，鼓励具有原始创新和首创价值的重大成果。开拓科学研究的民间资助体系，通过国家财政减免税收等政策，鼓励企业支持基础研究，合作建设国家工程研究中心、重点实验室和教育部实验室等方式，以解决企业现实需要的重大科研攻关和技术难题。

建议 17：资助组织应当加强对跨学科活动提案或项目指南设计的审查机制，设立 IDT 和 IDR 提议事务委员会，让更多的具有丰富跨学科教学与研究经验的学术研究者参与以代表不同学科观点,定期评估和动态设计项目审查标准,保留项目建议权,以评估项目参加者是否适合跨学科活动。鼓励和支持影响其他学科的基础研究或应用研究,设立多学科合作的主要调研员制度(PI),以利于评价跨学科项目的实际绩效,消除跨学科合作的行政障碍。设计和实施跨学科研究与跨学科教学的有机联系机制,要求接受 IDR 和 IDT 资助的机构提供支持跨学科教育活动的相关证明。

(五)探索和推进跨学科教育与跨学科研究成果的评价机制

积极探索和推进有利于跨学科教育与跨学科研究活动过程和活动成果的评价机制。设立 IDT 和 IDR 评价委员会,采用符合跨学科教育与研究的特性的评价标准,如参与学生数量与背景、知识获取广度与深度、参与跨学科活动的程度、对创造新兴领域或学科的贡献以及有助于社会实际问题解决等指标。

下一步的行动建议(政府部门和高等学校):

建议 18:促进和发展有关跨学科教育与跨学科研究活动的认证过程评估,实验对于学术工作者本身的评价和矩阵式过程评价模式,对有长期发展价值的跨学科项目给予滚动式的持续支持。将跨学科教学与研究人员的跨学科活动可视化,如统计跨学科活动参与者所跨学科领域的数量和特征,参与跨学科活动的广度和深度,是否共享跨学科设施等指标。通过矩阵评价法将研究人员"嵌入"跨学科活动中,如统计指导跨学科的博士生数量,研究者对多学科的学术贡献,揭示跨学科贡献的工作引文分析、合作者的专业背景、跨学科会议报告或相关专利等指标。

建议 19:关注 IDT 和 IDR 活动的长期生产率和效益,避免短期化倾向。针对跨学科教育与培训计划,设立如参与学生的数量、学科背景与组合模式,知识获取的广度与深度,与社会现实问题的联系程度,是否超越了一般学科教育的期望结果,是否提供了更广泛范围内的就业岗位或职业晋升等评价指标。针对跨学科研究计划,设立如对创造一个新兴领域或学科的贡献程度,是否得出了有助于解决社会现实问题的实践结果,参与者是否扩展了学术研究词汇与跨学科工作的能力范围,是否增加了主办机构的声誉程度或社会认知地位,是否产生了多学科的附加成果价值等评价指标。

(六)构建大学跨学科专业化社会网络

积极构建大学跨学科专业化社会网络,设立 IDT 和 IDR 专业协会,组织定期会议与出版物,识别跨学科合作伙伴,奖励认可跨学科研究人员,鼓励出版 IDT 和 IDR 出版物或者相关专辑及特刊。

下一步的行动建议(同业协会):

建议 20:鼓励大学专业协会在定期的公开会议、专业出版物以及特别倡议中寻求机会来促进跨学科研究与教学。如在常规的学术研讨会、专题报告会、讲习班上设置 IDT 和 IDR 主题;促进构建跨学科专业社会网络,以帮助学术研究者识别潜在的跨学科合作伙伴;设计专门的奖励承认跨学科研究者的工作;资助跨学科学术活动培训,认可和推广跨学科的经验与价值;创建新的专业协会及其分部以代表该领域跨学科活动。

建议 21:大学期刊编辑应通过各种机制,积极鼓励出版跨学科教学与跨学科研究的学术成果。如专门为 IDT 和 IDR 主题设立专刊或者专题,以接受更多跨学科领域的学术论文;编辑部增加有跨学科经验的编委会成员,开发专门技术以评价跨学科领域提交的学术论文;通过出版相关学科的综合述评,相关跨学科领域的综述文章,设计跨学科学术论文领域列表,为在线读者链接相关的跨学科教育资源,创建文章主题订阅模式以促进跨学科资源的访问获取,进而增加和改善不同学科之间的知识共享。

四、我国大学跨学科学术组织建设和发展的实现路径

(一)大学学术组织变革可供选择的路径模式

路径模式 1:文化变革

要实现大学跨学科学术组织变革的成功,必须使高等教育管理机构、资助组织、评价机构以及政府相关决策机构等对以自然科学、社会科学、人文科学和信息科学为基础的跨学科教育和跨学科研究的复杂社会网络与智力互动过程有深入的理解和认识,应该努力营造大学跨学科教育与研究的学术文化氛围和社会政治生态条件。

路径模式 2:组织变革

基于学科的传统大学学术组织模式正在向跨学科学术组织模式变革,中国大学整体上适合渐进增量变革模式,宜采用基于跨学科的矩阵式学术组织模型,局部上可以匹配动态创新变革模式,宜采用基于跨学科的无边界学术组织模型。最为主动积极的办法是在国家立法和中央政府层面建立一个对各级大学充分有效授权的规制环境,使得跨学科大学或跨学科学院的自组织模式可以有生成、成长和构建的生态空间。

路径模式 3:教育与教导

较为积极的办法是展开一场重大的宣传与教育运动,以说服各级政府、产业界、高等教育管理者与公众,使他们认识到跨学科教育与跨学科研究是知识经济、科学技术创新、全球化与解决现实问题的迫切需要。与此并行的努力是,推动高等教育领域的管理体制和运行机制改革,推出一系列大学跨学科教育与跨学科研究的可能的实践模式,这种努力需要广泛的领导力和创新实验。

路径模式 4:间歇性进化与自然演变

采取类似于机会主义的办法,密切关注和寻求根本改造高等教育实践、传统学科式教育与研究现有范式的可能触发点,驱动它或者鼓励它,实现学科活动向跨学

科活动间歇式进化和自然演变。同时充分利用改变科学、技术、文化工作方式的现代网络基础设施,开放的教育资源体系,以及强调创新、灵活性和快速转变的全球性知识经济对大学学术组织变革的驱动效应,加速实现跨学科学术组织的渐进增量变革模式。

最有效的方式应当是采取整合路径模式,即"路径 1＋路径 2＋路径 3＋路径 4"的动态式的创新变革与渐进式的增量变革相结合的模式。

(二)我国大学跨学科学术组织建设与发展的路线图

当前,大学学术组织环境发生了巨大变化,原有的单学科模式和强调组织内部系统作用的组织环境已不复存在。学科统合趋势和社会导向作用的明显加强,使学科组织的不确定性增加。从系统组织理论来看,要实现大学系统内外部环境的协调,保证大学学科系统的整体功能效益,基于学科动态和自组织模式运作的大学跨学科学术组织模型是最好的组织设计选择。大学跨学科学术组织发展与科学创新能力提升的路线图详见下图 11-1 所示。

我们的理想目标是建立基于跨学科学术组织的跨学科大学或学院,以大学跨学科战略和跨学科学术组织体系建设推动实现高等培养人才、科学创新和社会服务的三大职能。

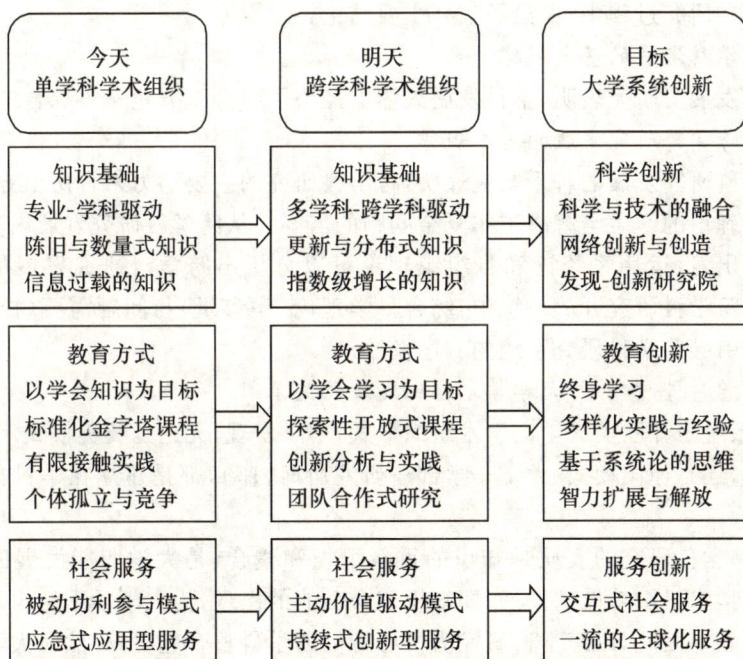

图 11-1　我国大学跨学科学术组织构建与发展路径

结语　主要结论和有待深入研究的问题

本书从学科和跨学科角度出发,通过系统考察学科、跨学科与大学学术组织发展的关系,跨学科研究发展的途径,跨学科研究引发的大学学术组织变革趋势,以及我国大学跨学科研究的现状,总结出现代大学跨学科学术组织的基本特征和运行机制。以此为基础,构建出基于跨学科的新型大学学术组织模式,并对跨学科大学的自组织运行机制进行了理论和现实条件分析,以实现跨学科大学的组织创新和机制创新。

一、本书的主要研究结论

本书在研究过程中,得出了下列主要结论:

(一)学科发展的基本规律

学科发展史研究表明,学科发展大体上经历了综合—分化—再综合的过程。

(二)跨学科研究发展的基本规律

跨学科研究发展的若干案例表明,跨学科研究的主要动力来自两个方面,即综合性科学理论的产生与解决现实复杂问题的需要。从跨学科研究发展内在逻辑和外在逻辑出发,运用系统论和自组织理论可以分析出跨学科研究发展的动力机制——在跨学科研究开放系统中,综合科学理论(序参量)与问题需要(控制参量)交互作用引导跨学科研究系统的有序发展。

(三)学科、跨学科与大学学术组织发展的关系

(1)系统研究欧美大学的学术组织形式,不难发现,无论是英美模式/大学—学院—学系,还是德国模式/大学—学部—研究所(讲座),都是建立在学科分化基础上的。

(2)跨学科研究的实质是知识的重新组织和整合,是大学职能发展的重要体现。大学学术组织功能的发展,即知识整合功能的出现,为大学学术组织再造提供了理论背景。因此,以跨学科研究为核心特征的学科整合趋势,必然对大学学术组织的发展产生重大影响。

（四）跨学科研究引发的大学学术组织变革趋势

通过选取美、德、日三国的著名研究型大学作为典型案例，系统考察和分析了这些大学的跨学科研究与跨学科学术组织模式，总结出大学跨学科学术组织的若干基本特征。

（1）大学跨学科学术组织是建立在基于学科分化的传统学术组织（院、系划分）之上的，与此同时，通过打破学科和院系组织界限，进行广泛的跨学科教育和研究。

（2）大学跨学科学术组织是以学科群（树状化）结构为基础，按实际需要（研究问题）以不同的集合方式将学科群连接成网状化学科结构，并形成了以某一学科（群）为主体的组织体系。

（3）大学跨学科学术组织一般都建立了严密而又灵活的组织体系。各国大学一般根据实际需要，通过设置功能定向的跨学科计划、实验室、研究中心、研究所、课题组、跨学科研究协会等学术组织，将跨学科协作实体化和体制化。

（4）大学跨学科学术组织在进行跨学科研究的同时，注重开展跨学科教育，从而培养出大量的高层次、跨学科和复合型人才。

（5）大学跨学科学术组织在自身发展过程中，以社会实际需要为出发点，吸引了广泛的社会（产业界、政府等）参与。这是大学跨学科学术组织得以迅速发展的动力源泉，并由此解决了许多社会实际问题，真正实现了产学共进。

（五）新型跨学科大学的组织模式

跨学科大学混合系统组织结构以交叉科学（跨学科）学院为横向坐标，以自然科学学院、技术科学学院和社会与人文科学学院三大综合学院（下设专业学系）为纵向坐标，将学科树型结构编织成网状结构，并通过交叉科学学院的矩阵科研组织（三元——学科、项目、社会需求）、矩阵教学组织（多元）将跨学科教育和跨学科研究有机结合起来，充分体现了跨学科大学的跨学科特征和系统综合功能。

（六）跨学科大学的自组织运行机制

需要满足五个基本条件。

（1）充分开放：这是跨学科大学系统自组织运行的前提条件。

（2）各个内部学科子系统的非线性相互作用：这是跨学科大学系统自组织运行的内在动力。

（3）跨学科发展的正反馈作用（涨落）：这是跨学科大学系统自组织运行的原始诱因和内部序参量。

（4）社会现实需要：这是跨学科大学系统自组织运行的外部控制参量。

（5）自组织循环：这是跨学科大学系统自组织运行的基本形式。

二、本书的理论创新与实践发展

本研究的理论创新性在于：

(1)系统科学理论和自组织理论的创新运用。运用系统理论和自组织理论分析并总结出跨学科研究发展的动力机制——在跨学科研究开放系统中，综合科学理论(序参量)与问题需要(控制参量)的交互作用引导跨学科研究系统有序发展；

(2)大学学术组织再造模式的实际应用。基于美德日中四个国家十所研究型大学跨学科学术组织现状、运行机制和发展趋势的多重组合案例分析，根据跨学科研究发展的基本规律和现代大学跨学科学术组织的若干基本特征，分析并构造出新型的跨学科大学学术组织模式，同时对跨学科大学的自组织运行机制以及我国大学跨学科学术组织的建设与发展提出了切实可行的策略和建议。

三、有待深入研究的问题

大学学术组织再造是一项复杂的系统工程，本书仅仅是从学科和跨学科的角度出发进行研究，对于其他形式的大学组织再造模式未做深入探讨。同时，对于新型跨学科大学学术组织的功能和实现条件也有待进一步研究。

参考文献

[1] [美]伯顿·R·克拉克. 高等教育系统[M]. 杭州:杭州大学出版社,1994

[2] 贝塔朗菲. 普通系统论的的历史和现状[M]. 北京:科学出版社,1981

[3] [苏联]C.斯米尔诺夫. 现代科学中跨学科过程的某些发展趋势[J]. 国外社会科学,1993(10):1—5,26

[4] 陈丽琳. 美国著名研究型大学独立跨学科学术机构的研究与借鉴[J]. 现代教育科学,2007(1):12—15

[5] 陈燮君. 学科学导论[M]. 上海:上海三联书店,1991

[6] 陈传康. 跨学科研究及其在科学中的地位[J]. 交叉科学,1986(1):50—55

[7] 陈学飞. 美国高等教育发展史[M]. 成都:四川大学出版社,1989

[8] 陈厚丰,谢再根. 论大学创造性人才培养模式的构建与实施[J]. 江苏高教,1999(4):43—46

[9] 陈艾华,邹晓东,陈勇,陈婵,王锋雷,柳宏志. 美国研究型大学跨学科研究的实践创新——以威斯康星大学麦迪逊分校CHI为例[J]. 高等工程教育研究,2010(1):117—120

[10] 陈思宇,常永才. 大学如何规划跨学科研究:美国高校新近经验[J]. 三峡大学学报,2009(4):88—91

[11] 陈向东. 网络环境下的跨学科知识共享[D]. 华东师范大学,2005

[12] 陈婵. 高等学校跨学科组织的系统管理研究[D]. 浙江大学,2005

[13] 程妍. 跨学科研究与研究型大学建设[D]. 中国科学技术大学,2009.

[14] 程新奎. 大学跨学科组织的主要运行模式及其特征比较[J]. 现代教育科学,2007(5):25—29

[15] 大学评价国际委员会. 国际大学创新力客观评价报告[J]. 高等教育研究,2006(6):23—29

[16] 大学评价国际委员会. 2007年国际大学创新力客观评价报告[J]. 高等教育研究,2007(6):29—32

[17] 丁益. 现代化大学办学模式研究[D]. 浙江大学硕士学位论文,1995

[18] 董云川. 论大学行政权力的泛化[J]. 高等教育研究,2000(2):60—64

[19] 董金华,刘凡丰. 研究型大学跨学科研究的组织模式初探 [J]. 中国软科学,2008,(3):81—87

[20] E.拉兹洛. 系统哲学讲演集[M]. 北京:中国社会科学出版社,1985

[21] 恩格斯. 自然辩证法[M]. 北京:人民出版社,1971

[22] 恩格斯. 自然辩证法[M]. 北京:人民出版社,1971

[23] 樊春良等. 学科交叉研究的范例[J]. 中国软科学,2005(11):75.

[24] 冯刚:跨学科研究何以可能 ?[J]. 浙江社会科学, 2007 (4):18—19

[25] 耿益群. 美国研究型大学跨学科研究中心与大学创新力的发展—基于制度创新视角的分析[J]. 比较研究研究,2008(9):24—28

[26] 郭金斌. 科学创新能力构建简论[J]. 福建师范大学学报,2001(3):29—34

[27] 韩震.基于整体知识能力的中国大学评价研究[D]. 大连理工大学,2004(5):1—90

[28] [德] H . 哈肯. 协同学——自然成功的奥秘[M]. 上海:上海科学普及出版社,1988

[29] [德] H . 哈肯. 高等协同学[M]. 郭治安译.北京:科学出版社,1989

[30] 贺国庆. 德国和美国大学发达史[M]. 北京:人民教育出版社,1993

[31] 胡建雄. 学科组织创新—高等学校院系等的学科结构改革[M]. 杭州:浙江大学出版社,2001

[32] 赫伯特. A. 西蒙. 科学中的交叉学科研究[J]. 中国科学院院刊,1986,1(3):233-235

[33] 贾川. 我国高校跨学科研究生培养机制研究[D]. 北京:国防科学技术大学,2008

[34] 江小平.《跨学科方法》一书简介[J]. 国外社会科学,1993(8):70—73

[35] 金吾伦. 跨学科研究引论[M]. 北京:中央编译出版社,1997

[36] 金薇吟.学科交叉理论与高校交叉学科建设研究[D]. 苏州大学,2005

[37] 金哲等. 世界新学科总览[M]. 重庆:重庆出版社,1986

[38] 姜振寰. 科学分类的历史沿革及当代交叉科学体系[J]. 科学学研究,1988(3):12—23

[39] 李光,任定成. 交叉科学导论[M]. 武汉:湖北人民出版社,1989

[40] 李丽刚.中国高校跨学科研究的发展研究[D]. 国防科学技术大学,2005

[41] 刘仲林. 跨学科学导论[M].杭州:浙江教育出版社,1990

[42] 刘仲林. 当代跨学科及其进展[J]. 自然辩证法研究.1993(1):37—42

[43] 刘春.跨学科视角的教育管理学探视[D]. 大连理工大学,2010 .

[44] 刘欣. 大学跨学科组织的发展研究[D]. 华东师范大学,2007

[45] 刘梅. 高校哲学社会科学研究的问题意识与理论创新[J]. 技术与创新管理, 2005(01):22—25

[46] 刘霓. 跨学科研究的发展与实践[J]. 国外社会科学,2008(1):46—55

[47] 刘仲林. 跨学科教育论[M]. 郑州:河南教育出版社,1989

[48] 林荣芹,黄德峰. 高等教育与科技革命的渊源关系探胜[J]. 未来与发展, 1994(1):33—37

[49] 路甬祥. 再谈现代工程教育[J]. 高等教育研究,1993(6):1—5,15

[50] 柳洲.高校跨学科科研组织成长机制研究[D].天津大学,2008

[51] 罗卫东. 跨学科社会科学研究:理论创新的新路径[J]. 浙江社会科学,2007 (4):35—41

[52] 母小勇,谢安邦,阎光才. 论构建我国21世纪高等教育创新课程体系之理念 [J]. 教育研究,1999(11):15—20

[53] 孟浩,王艳慧. 基于突变评价法的研究型大学知识创新综合评价[J]. 运筹与 管理,2008(3):80—87

[54] 潘云鹤,朱经武.学科会聚与创新平台—高新技术高峰论坛[C]. 杭州:浙江 大学出版社,2006

[55] 钱三强. 迎接交叉科学的新时代[N]. 光明日报,1985-05—17

[56] 钱学森. 交叉科学——理论和研究的展望[N]. 光明日报,1985—05—17

[57] 钱佩忠. 高校跨学科研究的组织和障碍分析[J]. 高等农业教育,2007(1): 55—57

[58] 邱均平,杨瑞仙,丁敬达等. 2009年世界一流大学与科研机构学科竞争力评 价的做法、特色与结果分析[J]. 评价与管理,2009(6):19—28

[59] 山石,龚礼明,凌柳玉. 科学生产过程的数学模型与中国大学科研能力[J].科 学学研究,2000(1):19—28

[60] 沈小峰. 自组织的哲学——种新的自然观和科学观[M]. 北京:中共中央党 校出版社,1993

[61] 沈小峰. 混沌初开——自组织理论的哲学探索[M]. 北京:北京师范大学出 版社,1993

[62] 沈泰昌. 系统科学[M]. 杭州:浙江教育出版社,1986

[63] 沈红. 大学与科学技术的内在联系[J]. 科学与技术评论,1995(3):40—43

[64] 孙丽珍.研究型大学交叉学科研究的组织与管理[D]. 上海交通大学,2010

[65] 宋子良,王平. 大学组织[M]. 北京:科学技术文献出版社,1991

[66] 宋健,范崇澄. 发挥多学科优势加速人才培养[J]. 学位与研究生教育,1995

(3):63—65

[67] 文洪朝. 跨学科研究——当今科学发展的显著特征[J]. 西北工业大学学报, 2007(02):12—16

[68] 王沛民,孔繁冰. 应重视大学学术组织的研究[J]. 高等教育研究,2000(6): 85—88

[69] 王承绪. 学术权力——七国高等教育管理体制比较[M]. 杭州:浙江教育出版社,1989

[70] 王靖. 高校跨学科研究组织的管理创新[D]. 武汉理工大学,2007

[71] 王兴成. 跨学科研究及其组织管理[J]. 国外社会科学,1986(6):12—16

[72] 王媛媛. 我国大学跨学科研究与"马太效应"[J]. 中国高教研究,2008(08): 44—46

[73] 王伟廉. 高等学校学科、专业划分与授权问题探讨[J]. 高等教育研究,2000 (3):39—43

[74] 王正青,古宏晨. 构建培养复合型研究生的环境之探索[J]. 学位与研究生教育,1998(4):11—13

[75] 瓦西里也夫. 苏联高等综合技术教育发展的新趋势[J]. 张青彦译. 高等工程教育研究,1990(3):77—78

[76] 吴志功. 现代大学组织结构设计[M]. 北京:北京师范大学出版社,1998

[77] 吴凤. 研究型大学跨学科组织的运行管理研究[D]. 浙江大学,2010

[78] 吴琦. 加州大学跨学科研究机构及对我们的启示[J]. 研究与发展管理,2001 (10):67—71

[79] 徐辉,郑继伟. 英国教育史[M]. 长春:吉林人民出版社,1993

[80] 徐小洲,梅伟惠. 创新时代的国际大学创新竞争力评价[J]. 高等工程教育研究,2006(4):24—28

[81] 肖彬. 中国研究型大学跨学科组织的发展研究[D]. 北京:国防科学技术大学,2006

[82] 肖斌,邓晓蕾,任浩. 解读大学跨学科组织的四种理论视角[J]. 高等教育研究学报,2008(4):19—21

[83] 薛国仁,房剑森. 高校如何为科教兴国作贡献[J]. 上海高教研究,1998(5): 1—6

[84] 熊华军. 大学虚拟跨学科组织的原则、特征和优势——以麻省理工学院 CSBi 运行机制为例[J]. 高等教育研究,2005(8):95—101

[85] 胥秋. 大学学科文化的冲突与融合[D]. 华中科技大学,2010

[86] 杨晓平,苏隆中. 关于美国研究型大学跨学科研究平台的研究[J]. 黑龙江

高教研究,2008(3):60—62

[87] 颜光华,刘正周. 企业再造[M]. 上海:上海财经大学出版社,1998

[88] 阎光才. 大学组织的管理特征探析[J]. 高等教育研究,2000(4):53—56

[89] 袁安照,余光胜. 现代企业组织创新[M]. 太原:山西经济出版社,1998

[90] 颜泽明,张铁明. 教育系统论[M]. 郑州:河南教育出版社,1991

[91] 张炜. 基于跨学科的新型大学学术组织模式再造[D]. 浙江大学硕士学位论文,2001

[92] 张炜,邹晓东. 现代大学跨学科学术组织新型模式研究——名古屋大学流动型教育和研究系统[J]. 比较教育研究,2003(6):20—24

[93] 张炜,邹晓东,陈劲. 基于跨学科的新型大学学术组织再造研究[J]. 科学学研究,2002(4):362—366

[94] 张炜,翟艳辉. 我国大学跨学科科研现状与组织特征分析[J]. 软科学研究,2003(10):62—65

[95] 张学文. 跨学科发展与创新的组织形式——美日一流大学的成功经验与启示[J]. 中国软科学,2009(2):51—58

[96] 赵红州. 科学能力学引论[J]. 北京:科学出版社,1984:11—95

[97] 周兆透. 论大学中的跨学科研究组织及其管理创新[J]. 高等农业教育,2006(9):21—24

[98] 赵松年. 非线性科学[M]. 北京:科学出版社,1994

[99] 赵文平,吴敏,王安民. 我国大学跨学科研究的障碍与对策研究[J]. 学位与研究生教育,2006(03):62—66

[100] 中国科学技术培训中心编. 迎接交叉科学的时代[M]. 北京:光明日报出版社,1986

[101] 张泰金. 英国的高等教育——历史和现状[M]. 上海:上海外语教育出版社,1995

[102] 赵文华. "论作为一种专业组织的高等教育系统"[J]. 高等教育研究,2000(3):11—14

[103] 朱枚. 美国的跨学科研究[J]. 国外社会科学,1992(5):25—26

[104] [美]朱丽·汤普森·克莱恩. 跨越边界——知识学科,学科互涉[M]. 姜智芹译. 南京:南京大学出版社,2005:44—45.

[105] 周朝成. 加州大学跨学科研究的组织结构与制度研究[J]. 高等工程教育,2009(3):101—106

[106] 邹农俭. 跨学科研究:社会科学研究的必然选择[J]. 浙江社会科学,2009(01):2—7

［107］邹珊刚等. 系统科学［M］. 上海：上海人民出版社，1987

［108］邹晓东. 专业设置及运行机制的研究［D］. 浙江大学，1993

［109］A. L. Porter. Interdisciplinary research ［J］. Interdisciplinary Science Reviews，1981，Vol. 13(2)

［110］Archie J. Bahm. Philosophy and Interdisciplinary Research，Essays presented to Sutan Takdir Alisjahbana on his seventieth birthday［D］. Edited by S. UDIN，Dyam Rakyat，Jakarta，1978：39

［111］Bertalanffy L. V. General System Theroy［M］. NewYork：George Braziller，1968

［112］Boix Mansilla，V.，& Duraising，E. "Targeted assessment of students' interdisciplinary work：An empirically grounded framework" ［J］. Journal of Higher Education，2007，Vol. 78(2)：218-237

［113］Charlette，G. Innovation through initiatives：a framework for building new capabilities in public sector research organizations［J］. Journal of Engineering and Technology Management，2004(21)：281-306

［114］Creso M，Sa. "Interdisciplinary strategies in U. S. research universities" ［J］. Journal of Higher Education，2008，Vol. 79 (10)：537-552.

［115］Committee on Facilitating Interdisciplinary Research，National Academy of Sciences，National Academy of Engineering，Institute of Medicine. Facilitating Interdisciplinary Research ［M］. 2004，ISBN：0-309-54727-X，This PDF was downloaded from：http://www. nap. edu/catalog/ 11153. html

［116］C. R. Belfield，A. D. Bullock & A. Fielding. Graduates' views on the contribution of their higher education to their general development ：A Retrospective Evalution for the United Kingdom ［J］. Research in Higher Education，1999，Vol. 40(4)：409-438

［117］Creso M，Sa. "Interdisciplinary strategies in U. S. research universities" ［J］. Journal of Higher Education，2008，Vol. 79 (10)：537-552

［118］Coriat，B.，Weinstein，O. Organizations，firms and institutions in the generation of innovation［J］. Research Policy，2002(2)：273-290

［119］Deeds，D. L. The impact of firm-specific capabilities on the amount of capital raised in an initial public offering：evidence from the biotechnology industry［J］. Journal of Business Venture，1997，12：31-46

［120］Daniel Alpert. Performance and Paralysis：The Organizational Context of the

American Research University[J]. ASHE Reader on Organization and Governance in Higher Education,1997,(24):76-102

[121] Daniel T. Layzell. Linking performance to funding outcomes at the state level

for public institutions of higher education : past ,present,and future [J]. Research in Higher Education,1999,Vol. 40(2):233-246

[122] DavidD. Dell. Academic accountability and university adaptation:The architecture of an academic learning Organization[J]. Journal of Higher Education,1999,(38):127-34

[123] E. D. Duryea. Evolution of University Organization[M]. Simon & Schuster Custom Publishing,1991,(4)

[124] European Union Research Advisory Board. Interdisciplinary in Research [R]. 2004

[125] Feller, I. (2004):"Whither interdisciplinarity (in an era of strategic planning) " [R]. The Annual Meeting of the American Association for the Advancement of Science, Seattle, WA

[126] Halil Dundar & Darrell R. Lewis. Determinants of research productivity in higher education[J]. Research in Higher Education, 1998, Vol. 39 (6): 607-631

[127] Hee-Sook Kim. An Essay on Semantic Shift,Information Science-The Interdisciplinary Contest[M]. Eds by I. Michael pemberton and Ann Prentice,Neal Schuman Publisher,Inc. 1990:103.

[128] Karri A. Holley. "Interdisciplinary Strategies as Transformative Change in Higher Education" [J]. Journal of Innovation Higher Education , 2009, Vol. 10 (9):121-135

[129] J. T. Klein. Interdisciplinary Analysis and Research[M]. Lomond Publication,Inc. 1986:412-424

[130] Margaret F. stieg. Information Science and the Humanities : the Oddle Couple,information Science[M]. Neal-Schuman Publisher,Inc. 1990:103

[131] Miles M. Jackson. Interdisciplinary doctoral Studies a t the University of Hawaii[M]. In Eds,by J. michael Pemberton and Ann Prentice,1990:103

[132] Marsili, O. The anatomy and evolution for industries, Cheltenham and Northampton: Edward Elgar, 2001 : 124-426

[133] MIT Bulletin:1999-2000,2008-2009

[134] OECD-CERI:Interdisciplinarity[M]. Inc. 1972

[135] Patricia J. Gumport. Academic restructuring:Organizational change and institutional imperatives[J]. Journal of Higher Education,2000(39):67-91

[136] Paul Trowler & Peter Knight. Organizational socialization and induction in universities : Reconceptualizing theory and practice [J]. Journal of Higher Education,1999(37):177-195

[137] Robert J. W. ,Tijssen. Science dependence of technology evidence from inventions and inventors, Research Policy 2002, 31:509-526

[138] Rita Johnston. The University of the future : Boyer revisited[J]. Journal of Higher Education,1998(36):253-272

[139] William K. Cumming. The service university movement in the US:Searching for momentum[J]. Journal of Higher Education,1998(35):60-69

[140] Patricia J Gumport. Academic restructuring: organizational change and institutional imperatives [J]. Journal of Higher Education, 2000:67-91

[141] Ulrich Teichler. Changing Structures of the Higher Education Systems: The Increasing Complexity of Underlying Forces [J]. Higher Education Policy,2006(39):447-461

[142] Susan Lapworth, Arresting. Decline in Shared Towards a Flexible Model for Academic Participation [J]. Higher Education Quarterly, 2004, Vol. 4 (10):305

[143] http://web. mit. edu/catalogue/ch1. html, 2008-5-23

[144] http://web. mit. edu/catalogue/ch3. html, 2008-5-23

[145] http://web. mit. edu/catalogue/ch5. html, 2008-5-23

[146] http://web. mit. edu/catalogue/ch6. html, 2008-5-23

[147] http://student. mit. edu/@ 5043029. 25206/catalog/mSTSa. html, 2008-5-23

[148] http://www. stanford. edu/academics/programs. html, 2008-7-15

[149] http://biox. stanford. edu/, 2008-7-15

[150] http://www. en. uni-muenchen. de/institutions/addinst/index. html, 2008-9-10

[151] http://www. asc. physik. lmu. de/index. html, 2008-11-01

[152] http://www. tu-berlin. de/organisation/index. html, 2009-5-15

[153] http://www. tu-berlin. de/fak/index. html, 2009-5-15

[154] http://www. tu-berlin. de/uebertu/index. html, 2009-5-15

［155］http://www. tu-berlin. de/presse/tu-reform/index. html，2009-5-15

［156］http://www. tu-berlin. de/uebertu/zahlen_fakten. htm，2009-5-15

［157］http://www. engg. nagoya-u. ac. jp/nadmis/index-e. html，2009-6-11

［158］http://www. nagoya-u. ac. jp/english/school/index. html，2009-6-11

［159］http://www. nagoya-u. ac. jp/english/about/a2. html，2009-6-11

［160］http://www. nagoya-u. ac. jp/english/about/a3. html，2009-6-11

［161］http://www. nagoya-u. ac. jp/english/about/a4. html，2009-6-11

［162］http://www. nagoya-u. ac. jp/english/about/a5_1. html，2009-6-11

［163］http://www. nagoya-u. ac. jp/english/about/a5_2. html，2009-6-11

［164］http://www. esi. nagoya-u. ac. jp/eng/，2009-6-11

［165］http://www. tsukuba. ac. jp/chinese/organization/colleges. html，2009-9-25

［166］http://www. tsinghua. edu. cn/chnyxszindex. htm，2009-9-25

［167］http://www. tsinghua. edu. cn/chnkxyjindex. htm，2009-9-25

［168］http://www. sist. tsinghua. edu. cn/xsjs. htm，2009-9-25

［169］http://www. tsinghua. edu. cn/docsn/jxgcxy/index. html，2009-9-25

［170］http://www. chemeng. tsinghua. edu. cn/divisions/extraction/default. htm，2009-9-25

［171］http://www. mse. tsinghua. edu. cn/kexueyanjiu. htm，2009-9-25

［172］http://www. tsinghua. edu. cn/docsn/lxy/，2009-9-25

［173］http://www. nju. edu. cnnjuckxyj/index. htm，2009-12-03

［174］http://www. nju. edu. cnnjucxxgk/xxjj_bx_kxk. htm，2009-12-03

［175］http://www. nju. edu. cnnjucxxgk/xxjj_bx_gjzdsys. htm，2009-12-03

［176］http://www. pku. edu. cn/academic/，2009-12-03

［177］http://www. pku. edu. cn/academic/index. html，2009-12-03

［178］http://www. cis. pku. edu. cn/newpage/main. htm，2009-12-03

［179］http://ime. pku. edu. cnhtmlmain/first/firstmain. htm，2009-12-03

［180］http://www. microsystem. zju. edu. cn/introduct/yjjz. htm，2010-01-10

［181］http://www. microsystem. zju. edu. cn/introduct/yjxm. htm，2010-01-10

［182］http://www. microsystem. zju. edu. cn/introduct/yjct. htm，2010-01-10

［183］http://lc. zju. edu. cn/zjulc/DesktopDefault. aspx，2010-01-10

［184］http://www. qaas. zju. edu. cn/，2010-01-10

［185］http://www. qaas. zju. edu. cn/Research. aspx，2010-01-10

［186］http://www. qaas. zju. edu. cn/Research. aspx，2010-01-10

［187］http：//www. ibsfudan. org/，2010-05-15

［188］http：//www. ibsfudan. org/research. asp，2010-05-15

［189］http：//www. sjtu. edu. cn/knowledge/，2010-05-15

［190］http：//mnri. sjtu. edu. cn/index. asp，2010-05-15

附录一 大学跨学科学术组织与科学创新能力相关数据表

表1 "世界大学学术排名2007"中的创新型国家(地区)

排序	国家(地区)	前20名大学	前50名大学	前100名大学	前200名大学	前300名大学	前400名大学	前500名大学
1	美国 USA	17	37	54	88	117	140	166
2	英国 UK	2	5	11	23	33	37	42
3	日本 Japan	1	2	6	9	12	18	33
4	加拿大 Canada		2	4	7	17	19	22
5	法国 France		1	4	7	12	18	23
6	瑞士 Switzerland		1	3	6	7	7	8
7	荷兰 Netherlands		1	2	9	9	12	12
8	丹麦 Denmark		1	1	3	4	4	4
9	德国 Germany			6	14	22	36	41
10	瑞典 Sweden			4	4	9	10	11
11	澳大利亚 Australia			2	7	9	11	17
12	以色列 Israel			1	4	5	6	7
13	挪威 Norway			1	1	2	3	4
14	芬兰 Finland			1	1	1	3	5
17	比利时 Belgium				4	6	7	7
20	韩国 South Korea				1	3	6	8
21	奥地利 Austria				1	2	4	7
23	中国台湾 China-TW				1	1	4	6
24	新加坡 Singapore				1	1	2	2
29	爱尔兰 Ireland					1	2	3
	总计 Total	20	50	100	191	273	349	428
	比例 Percentage	100%	100%	99%	95%	90%	87%	84%
18	中国 China				1	6	8	14

资料来源:载 http://ed.sjtu.edu.cn/ranking.htm。

表2　世界一流大学 2001 年发表 Nature & Science 论文情况

位次	大　　学	论文篇数	占大学论文数比例	占总数比例
1	哈佛大学	65	5.1%	3.3%
2	斯坦福大学	33	2.6%	1.7%
3	加州大学－伯克利	32	2.5%	1.6%
4	加州大学－旧金山	27	2.1%	1.4%
5	麻省理工学院	26	2.0%	1.3%
6	牛津大学	25	1.9%	1.3%
7	剑桥大学	19	1.5%	1.0%
8	耶鲁大学	19	1.5%	1.0%
9	约翰·霍普金斯大学	19	1.5%	1.0%
10	威斯康星大学	19	1.5%	1.0%
1－10	前 10 名的大学合计	284	22%	14%
1－20	前 20 名的大学合计	452	35%	23%
1－50	前 50 名的大学合计	743	58%	37%
1－100	前 100 名的大学合计	957	74%	48%
1－200	前 200 名的大学合计	1158	90%	58%
	大学总计	1286	100%	65%

* 从 web of science 2001 年数据库统计得到，只统计第一作者单位的论文（Article）。

表3　我国一流大学 2001 年发表 SCI 论文占全国总数的比例

位次	大学	占大学论文数比例	占全国总数比例
1	北京大学	6.5%	5.0%
2	清华大学	6.5%	5.0%
3	南京大学	5.0%	3.9%
4	中国科技大学	4.8%	3.7%
5	浙江大学	4.2%	3.3%
6	复旦大学	3.6%	2.8%
7	上海交通大学	2.5%	2.0%
8	山东大学	2.4%	1.9%
9	吉林大学	2.4%	1.9%
10	南开大学	2.4%	1.9%
1－10	前 10 名的大学合计	40%	31%
1－20	前 20 名的大学合计	56%	43%
1－50	前 50 名的大学合计	75%	58%
	所有大学总计	100%	78%

* 从 web of Science2001 年网络数据库统计得到，只统计第一作者的论文（Article）。表中数据不包括港澳台地区。

表 4　大学获诺贝尔科学奖人次及其占世界总数的比例

国家	大学获诺贝尔奖人次		大学获诺贝尔奖人次占总人次比例	
	1901—2001	1951—2001	1901—2001	1951—2001
美国	207.5	180	81％	81％
英国	62.5	36.5	82％	78％
德国	40	8.5	67％	41％
法国	17.5	7.5	66％	71％
日本	4.5	4	100％	100％
世界	401.5	267	76％	74％

资料来源:刘念才等,名牌大学应是国家知识创新的体系核心,高等教育研究,2002,23(3)。

表 5　世界一流大学 1901—2001 年获诺贝尔科学奖人次情况

位次	大　学	获奖人次	占大学获奖数比例	占总数比例
1	哈佛大学	30	7.5％	5.7％
2	剑桥大学	25	6.2％	4.8％
3	斯坦福大学	16	4.0％	3.0％
4	芝加哥大学	15	3.7％	2.9％
5	加州大学—伯克利	14	3.5％	2.7％
6	麻省理工学院	13.5	3.4％	2.6％
7	加州理工学院	13	3.2％	2.5％
8	哥伦比亚大学	12	3.0％	2.3％
9	牛津大学	10	2.5％	1.9％
10	普林斯顿大学	9	2.2％	1.7％
1—10	前 10 名的大学	157.5	39％	30％
1—20	前 20 名的大学	223.5	56％	42％
1—50	前 50 名的大学	313.5	78％	60％
1—100	前 100 名的大学	376.0	94％	71％
	所有大学	401.5	100％	76％

* 根据诺贝尔基金会公布的资料统计得到,只统计物理、化学、生理或医学、经济学四大科学奖。同一人署名两个单位时,每个单位计 0.5 人次。

表6　世界大学学科领域排名的指标体系及权重

指标	权重	五大学科领域排名的指标体系				
		理科	工科	生命	医科	社科
获奖校友 Alumni	10%	1951年后获得诺贝尔物理学奖、化学奖和菲尔兹数学奖的校友折合数	未使用	1951年后获得诺贝尔生理或医学奖的校友折合数	1951年后获得诺贝尔生理或医学奖的校友折合数	1951年后获得诺贝尔经济学奖的校友折合数
获奖教师 Award	15%	1961年后获得诺贝尔物理学奖、化学奖和菲尔兹数学奖的教师折合数	未使用	1961年后获得诺贝尔生理或医学奖的教师折合数	1961年后获得诺贝尔生理或医学奖的教师折合数	1961年后获得诺贝尔经济学奖的教师折合数
高引用教师 HiCi	25%	含5个学科的高引用教师： • 数学 • 物理 • 化学 • 地学 • 空间科学	含3个学科的高引用教师： • 工学 • 计算机 • 材料	含8个学科的高引用教师： • 生物学/生物化学 • 分子生物学/遗传学 • 微生物学 • 免疫学 • 神经科学 • 农学 • 种植科学与动物学 • 生态学/环境	含3个学科的高引用教师： • 临床医学 • 药学 • 社会科学（部分）	含2个学科的高引用教师： • 社会科学（部分） • 经济学/商学
论文数 PUB	25%	理科领域的SCIE论文	工科领域的SCIE论文	生命领域的SCIE论文	医科领域的SCIE论文	文科领域的SSCI论文
高质量论文比例 TOP	25%	理科论文中发表在影响因子前20%期刊上的比例	工科论文中发表在影响因子前20%期刊上的比例	生命领域论文中发表在影响因子前20%期刊上的比例	医科论文中发表在影响因子前20%期刊上的比例	社科论文中发表在影响因子前20%期刊上的比例
科研经费 Fund	25%	未使用	工科科研经费数	未使用	未使用	未使用

资料来源：程莹，刘少雪，刘念才. 我国名牌大学的学科领域离世界一流有多远——从世界大学学科领域排名说起，教育部科学技术委员会专家建议，2007,4(66)

表 7　中国一流大学在世界大学学科领域排名中的总体表现

区域	大学	理科排名	工科排名	生命排名	医科排名	社科排名	大学整体排名
大陆	清华大学	151－200	51－76	300－400	500－	400－500	151－200
大陆	北京大学	151－200	107－150	200－300	200－300	200－300	201－300
大陆	中国科技大学	151－200	107－150	500－	500－	500－	201－300
大陆	浙江大学	200－300	77－106	200－300	300－400	500－	201－300
大陆	上海交通大学	300－400	77－106	300－400	300－400	500－	201－300
大陆	南京大学	151－200	151－200	400－500	500－	500－	301－400
大陆	复旦大学	200－300	151－200	300－400	300－400	500－	301－400
香港	香港大学	200－300	151－200	200－300	109－150	151－200	151－200
香港	香港科技大学	200－300	37	300－400	500－	51－76	201－300
香港	香港中文大学	151－200	77－106	300－400	151－200	105－150	201－300
香港	香港城市大学	200－300	51－76	500－	500－	151－200	301－400
台湾	台湾大学	111－150	77－106	200－300	109－150	151－200	151－200
台湾	台湾清华大学	151－200	77－106	500－	500－	500－	301－400
台湾	台湾交通大学	200－300	49	500－	500－	200－300	401－500

注:1. 各学科领域百强以后的大学名次没有在网上公布,500－指 500 名以外。

2. 大学整体排名是指大学在世界大学学术排名 2006 中的排名。

资料来源:程莹,刘少雪,刘念才.我国名牌大学的学科领域离世界一流有多远——从世界大学学科领域排名说起.教育部科学技术委员会专家建议,2007,4(66)

表8 世界一流大学的学院设置频率

序号	学院名称	设置次数	设置频率	备　注
1	理学院	30	100.0%	
2	文学院	29	96.7%	
3	工学院	25	83.3%	
4	商学院	25	83.3%	
5	法学院	22	73.3%	
6	医学院	21	70.0%	
7	建筑学院	15	50.0%	
8	教育学院	15	50.0%	
9	艺术学院	11	36.7%	
10	社会工作学院	10	33.3%	
11	传播与新闻学院	9	30.0%	
12	护理学院	9	30.0%	
13	图书馆与情报学院	8	26.7%	
14	农学院	7	23.3%	
15	公共管理学院	7	23.3%	
16	环境学院	7	23.3%	
17	生命学院	7	23.3%	
18	兽医学院	6	20.0%	
19	公共卫生学院	5	16.7%	
20	牙医学院	5	16.7%	
21	药学院	5	16.7%	
22	音乐学院	4	13.3%	
23	实用生活学院	4	13.3%	
24	经济学院	4	13.3%	
25	神学院	3	10.0%	
26	地球科学院	3	10.0%	
27	商业学院	3	10.0%	
28	林业学院	2	6.7%	
29	化学化工学院	2	6.7%	
30	信息学院	2	6.7%	
31	自然资源学院	2	6.7%	
32	政治学院	2	6.7%	

注：共调查30所大学。有部分学院涵盖两类（或以上）学科群，本表在统计时两边均计入。如文理学院（共有14所），在文学院和理学院各统计一次；建筑与艺术学院，在建筑学院和艺术学院各统计一次。有5所学校设有人文学院与社会科学学院，统计在文学院中。家庭科学/家庭经济学学院与实用生活学院虽然名称不同，但是研究内容近似，统计时将它们归为一类。

资料来源：刘少雪，程莹，董育常，刘念才.创新学科布局，规范院系建设，教育部科学技术委员会专家建议,2004,2(28)

表 9　世界一流大学学院设置的学科层次分析

序号	大学名称	学院总数	按门类	按学科群	按一级学科	按二级学科	其他
1	普林斯顿大学	6	6				
2	哈佛大学	9	8			1	
3	耶鲁大学	11	8		3		
4	加州理工大学	6	3	1	2		
5	麻省理工大学	5	5				
6	斯坦福大学	7	6		1		
7	宾夕法尼亚大学	11	10		1		
8	哥伦比亚大学	14	13		1		
9	康奈尔大学	11	8	1		2	
10	芝加哥大学	9	8		1		
11	加州大学伯克利分校	14	9	1	3	1	
12	弗吉尼亚大学	9	8		1		
13	密歇根大学	17	14	1	2		
14	北卡罗来纳大学	12	11		1		
15	乔治亚理工大学	6	5		1		
16	威斯康星大学	15	12		2		
17	加州大学戴维斯分校	7	7				
18	伊利诺斯大学	13	11		1		
19	宾夕法尼亚州立大学	14	12		2		
20	德克萨斯大学	14	13		1		
21	剑桥大学	5	4	1			
22	牛津大学	5	4	1			
23	帝国理工大学	3	3				
24	瓦瑞克大学	3	3				
25	东京大学	12	9		1	1	1
26	京都大学	15	10	1	1		2
27	早稻田大学	9	5		2		
28	庆应大学	11	7		3	1	
29	多伦多大学	14	10		3		1
30	香港科技大学	4	4				
	平均数	9.7	7.8	0.3	1.1	0.2	0.2
	占学院总数的比例	100%	81.0%	3.4%	11.4%	2.4%	1.7%

注:医疗卫生方面的医学院、公共卫生学院、牙医学院、药学院、护理学院按门类计。文科方面的人文与社会科学学院(文学院)、社会科学学院、人文学院按学科门类(与上一行区别)处理。学科群、一级学科、二级学科按美国教育部颁布的学科专业目录(CIP)划分。

表 10　世界一流大学的特色学院

序号	大学名称	规范学院比例*	特色学院名称/特色学院的学科排名**
1	普林斯顿大学	100%	无
2	哈佛大学	89%	政府学院/1
3	耶鲁大学	73%	戏剧学院/1,音乐学院/6,林业与环境学院
4	加州理工大学	50%	生命学院/5,化学化工学院/2,地球科学院/1
5	麻省理工大学	100%	无
6	斯坦福大学	86%	地球科学院/3
7	宾夕法尼亚大学	91%	社会工作学院/11
8	哥伦比亚大学	92%	社会工作学院/3
9	康奈尔大学	73%	旅店管理学院,工业与劳动关系学院,实用生活学院
10	芝加哥大学	89%	社会工作学院/6
11	加州大学伯克利分校	64%	光学院,信息管理与系统学院,化学化工学院/1,自然资源学院,社会工作学院/3
12	弗吉尼亚大学	89%	商业学院
13	密歇根大学	82%	音乐学院/4,自然资源与环境学院,社会工作学院/1
14	北卡罗来纳大学	92%	社会工作学院/7
15	乔治亚理工大学	83%	计算学院/13
16	威斯康星大学	80%	音乐学院/20,社会工作学院/11,实用生活学院
17	加州大学戴维斯分校	100%	无
18	伊利诺斯大学	85%	社会工作学院/25,实用生活学院
19	宾夕法尼亚州立大学	86%	地球与矿物科学学院/7,实用生活学院
20	德克萨斯大学	93%	社会工作学院/10
21	剑桥大学	80%	生命学院
22	牛津大学	80%	生命学院
23	帝国理工大学	100%	无
24	瓦瑞克大学	100%	无
25	东京大学	75%	区域研究学院,数学科学学院,边缘学科学院
26	京都大学	67%	综合人文学院,亚非研究学院,生命学院,信息学院,能源科学学院
27	早稻田大学	56%	政治与经济学院,亚太研究学院,人体科学学院,商业学院
28	庆应大学	64%	经济学院,环境信息学院,商业学院,人际关系学院
29	多伦多大学	71%	体育与健康学院,音乐学院,林业学院,社会工作学院
30	香港科技大学	100%	无

　*:规范学院比例是指按学科门类规范设置的学院占全部学院的比例。

　**:特色学院的排名是指"美国新闻与世界报道"中的排名。

　资料来源:刘少雪,程莹,董育常,刘念才.创新学科布局,规范院系建设,教育部科学技术委员会专家建议,2004,2(28)

表 11　中国部分一流大学各学科大类的学院设置情况

学校名称	学院总数（个）	人文社科		理学		管理		工学		医学		农学	
		数量（个）	比例（%）	数量（个）	比例（%）	数量（个）	比例（%）	数量（个）	比例（%）	数量（个）	比例（%）	数量（个）	比例（%）
北京大学	21	7	33.3	5	23.8	2	9.5	2	9.5	5	23.8	0	0.0
复旦大学	13	5	38.5	1	7.7	1	7.7	2	15.4	4	30.8	0	0.0
南京大学	12	3	25.0	3	25.0	2	16.7	3	25.0	1	8.3	0	0.0
小计	46	15	32.6	9	19.6	5	10.9	7	15.2	10	21.7	0	0.0
清华大学	12	4	33.3	1	8.3	2	16.7	4	33.3	1	8.3	0	0.0
上海交通大学	17	4	23.5	2	11.8	1	5.9	7	41.2	2	11.8	1	5.9
浙江大学	21	5	23.8	3	14.3	1	4.8	9	42.9	2	9.5	1	4.8
西安交通大学	16	2	12.5	2	12.5	2	12.5	7	43.8	3	18.8	0	0.0
小计	66	15	22.7	8	12.1	6	9.1	27	40.9	8	12.1	2	3.0
合计	112	30	26.8	17	15.2	11	9.8	34	30.4	18	16.1	2	1.8
平均数	16	4.3	26.8	2.4	15.2	1.6	9.8	4.9	30.4	2.6	16.1	0.3	1.8

1.数据来源:各学校网页,下同(有特殊说明者除外)。

2.按国务院学位委员会颁布的研究生学科专业目录的学科门类为标准。其中,哲学、经济学、法学、教育学、文学、历史学计入人文社会科学大类中,下同(有特殊说明者除外)。

3.只计从事全日制普通高等教育的学院(示范性软件学院除外)

4.化学化工学院计入工学类(北京大学的化学与分子工程学院计入理学)。

资料来源:刘少雪,程莹,董育常,刘念才.创新学科布局,规范院系建设,教育部科学技术委员会专家建议,2004,2(28)

表 12 中国部分一流大学学院设置的学科层次分析

学校	学院总数（个）	按学科门类		以一级学科为基础		以二级学科为基础	
		数量（个）	比例（%）	数量（个）	比例（%）	数量（个）	比例（%）
北京大学	21	3	14.3	13	61.9	5	23.8
复旦大学	13	4	30.8	7	53.8	2	15.4
南京大学	12	4	33.3	8	66.7	0	0.0
清华大学	12	5	41.7	6	50.0	1	8.3
上海交通大学	17	6	35.3	10	58.8	1	5.9
浙江大学	21	8	38.1	12	57.1	1	4.8
西安交通大学	16	5	31.3	10	62.5	1	6.3
总数	112	35		66		11	
平均数	16	5	31.3	9.4	58.8	1.6	10.0

注:以国务院学位委员会颁布的研究生学科专业目录为标准,按学院名称中的学科级别统计,跨门类的按门类统计。如上海交通大学的机械与动力工程学院计入按一级学科设置,西安交通大学的经济与金融学院计入按学科门类设置。

资料来源:刘少雪,程莹,董育常,刘念才.创新学科布局,规范院系建设,教育部科学技术委员会专家建议,2004,2(28)

表 13 美国 2003—2004 学年学位授予总数及交叉类学科群所占比例

	学士	硕士	博士	学/硕/博合计
学位授予总数	1307719	546591	47705	1902015
其中交叉学科学科群所占比例	2.23%	0.74%	1.84%	1.79%
其中文理综合学科群所占比例	3.22%	0.68%	0.20%	2.41%

注:只统计 26 个学术/职业学科群。

数据来源:Digest of Education Statistics 2005,http://nces. ed. gov/。

资料来源:赵文华,程莹,陈丽璘,刘念才. 美国促进交叉学科研究与人才培养的借鉴与启示,教育部科学技术委员会专家建议,2006,8(58)

表 14 美国 2003—2004 学年部分主要学科群内部综合、交叉、新兴类学
科学位授予数占本学科群学位授予总数的比例

学科群	综合/交叉/新兴类学科			
	学士所占比例	硕士所占比例	博士所占比例	学/硕/博合计比例
理学(不含生物)	2.0%	3.1%	0.5%	2.1%
工学	3.7%	8.3%	5.6%	5.3%
农学	12%	13%	2.4%	12%
医学	6.3%	2.1%	2.3%	4.6%
生物学与生物医学	74%	43%	20%	67%
社会科学	8.7%	9.3%	2.4%	8.6%
工商管理	9.0%	8.6%	16%	8.9%
教育学	4.5%	21%	21%	15%
法学	15%	19%	15%	17%
历史学(不分设学科)	100%	100%	100%	100%
文理综合(不分设学科)	100%	100%	100%	100%
交叉学科(都按交叉学科统计)	100%	100%	100%	100%

注:综合、交叉、新兴类学科是指学科名称与学科群名称完全一致或学科名称中含有"综合"、"其他"的学科。

数据来源:Digest of Education Statistics 2005,http://nces. ed. gov/

资料来源:赵文华,程莹,陈丽璘,刘念才. 美国促进交叉学科研究与人才培养的借鉴与启示,教育部科学技术委员会专家建议,2006,8(58)

表 15　美国国家科学基金委员会(NSF)批准资助的 STC 计划名单

年度	学科领域(学部)	中心名称	主要成员
1991	生物科学	生物记时	弗吉尼亚大学
		光显微镜成像和生物技术	卡耐基－梅隆大学
		抵抗病原体的工程植物	加州大学戴维斯分校
	计算机、信息科学与工程	计算机制图和科学成像	犹他大学
	地球科学	南极洲天体物理研究	芝加哥大学
		云、化学和天气	加州大学圣地亚哥分校
		高压研究	纽约州立大学石溪分校
		南加州地震中心	南加州大学
		高级流体水晶光体材料	肯特州立大学
		电子材料的合成、生长和分析	德克萨斯大学奥斯汀分校
		超速光学	密歇根大学
	社会科学、行为科学、经济科学	认知科学研究	宾夕法尼亚大学
2000	生命科学	行为神经科学	佐治亚州立大学
	工程	纳米技术	康奈尔大学
	地球科学	半干旱和海岸地区的可持续发展	亚利桑那大学
	数学和物质科学	对环境负责的溶解和工艺	佐治亚理工学院
		适应性光学	加州大学圣克鲁斯分校
2002	生命科学	内置网络传感	加州大学洛杉矶分校
	工程	用于水净化的高级材料	伊利诺斯大学香槟分校
	地球科学	地区表面动力学国家中心	明尼苏达大学波士顿大学物理空间中心
		整合空间气候模型	
	数学和物质科学①②	生物光子科学和技术	加州大学戴维斯分校
		信息技术研究的材料和装置	华盛顿大学
2005	地球科学	冰原遥感	勘萨斯大学
	工程	普遍存在的安全技术	加州大学伯克利分校

资料来源：htpp://www.nsf gov/od/oia/programs/stc

资料来源：赵文华,程莹,陈丽璘,刘念才.美国促进交叉学科研究与人才培养的借鉴与启示,教育部科学技术委员会专家建议,2006,8(58)

附录二　大学跨学科研究与科学创新能力调查问卷

　　欢迎您参加国家自然科学基金主任基金项目的问卷调研！请您仔细阅读下列题目,根据实际情况将您认为合适的选项涂成红色,在横线上填入具体答案。请您认真填选,以保证研究质量。调查所设计内容仅限于研究使用,不记名,将绝对为您保密。谢谢合作!

杭州电子科技大学管理决策与创新研究所课题组

　　概念界定:跨学科研究(IDR)是一种研究范式,这种研究范式是由研究团队或研究者个体整合了两个以上学科,或者一系列专业领域的信息、数据、技术、工具、观点、概念以及理论,其目的是提升对基础科学知识的理解,或者解决那些超出单一学科和研究实践领域的复杂问题,它的核心价值在于整合和合成新的知识、思想、方法以及理论体系。

　　一、您个人及所在单位情况

　　1.您的性别:□ 男　□ 女　　　所在单位名称:＿＿＿＿＿＿＿＿

　　2.您的年龄:□ 20—29　□ 30—39　□ 40—49　□ 50 以上

　　3.您的职称:□ 初级及以下　□ 中级　□ 副高级　□ 高级

　　4.工作性质:□ 全职研究者　□ 大学教师　□ 行政管理者　□ 在站博士后　□ 研究生

　　5.您所在学科:□ 哲学　□ 理学　□ 工学　□ 医学　□ 农学　□ 经济学　□ 管理学
□ 法学　□ 文学　□ 教育学　□ 历史学　□ 军事学

　　6.您的学术背景:□ 单一学科　□ 跨两个学科　□ 跨多个学科

　　7.您从事研究的范围:□ 没有跨学科　□ 部分跨学科　□ 主要跨学科　□ 完全跨学科

　　8.参与跨学科研究的原因:(可多选,若多选,请排列优先顺序)

　　□ 研究兴趣　□ 学科发展需要　□ 项目合作需要　□ 获取研究经费　□ 解决问题需要
□ 领导要求　□ 其他＿＿＿＿＿＿＿＿

　　9.从事跨学科研究面临的障碍:(可多选,若多选,请排列优先顺序)

　　□ 管理体制不合理　□ 组织形式不适当　□ 学科划分过细　□ 运行机制不健全　□ 领导
不重视　□ 缺乏经费支持　□ 评价体系不完善

　　10.您所在单位性质:□ 研究型大学　□ 教学研究型大学　□ 教学型大学　□ 科研机构

11. 研究人员规模：□50 人以下　□50—200 人　□200—500 人　□500 人以上

12. 本科生规模：□1000 人以下　□1000—5000 人　□5000—10000 人　□10000 人以上

13. 研究生规模：□200 人以下　□200—500 人　□500—1000 人　□1000 人以上

14. 博士后研究人员规模：□20 人以下　□20—50 人　□50—100 人　□100 人以上

15. 跨学科研究的组织形式：(可多选,若多选,请排列优先顺序)

□课题组或研究计划　□实验室　□研究所或研究中心

□独立研究院　□重点专项或 985 平台　□国家重点项目合作　□国家实验室或工程研究中心　□企业项目合作　□国际项目合作　□其他＿＿＿＿＿＿＿

16. 您单位跨学科研究目前的发展阶段：□学科内部合作　□相邻学科合作　□多学科合作　□交叉学科合作　□完全跨学科合作　□学科融合与创新

请根据您单位的实际情况对下面的描述做出判断,并在每个项目后面相应的数字上打✓。
1＝完全不符合　2＝较不符合　3＝有点不符合　4＝不能确定　5＝有点符合　6＝比较符合
7＝完全符合

二、您单位跨学科研究的现状

(1)跨学科研究的管理体制

1. 学校领导高度重视跨学科研究　　　　　　　① ② ③ ④ ⑤ ⑥ ⑦

2. 成立了校跨学科领导小组或专门促进机构　① ② ③ ④ ⑤ ⑥ ⑦

3. 建立了跨学科学术委员会或战略规划　　　① ② ③ ④ ⑤ ⑥ ⑦

4. 建立了教师跨系跨学科研究的流动机制　　① ② ③ ④ ⑤ ⑥ ⑦

5. 设立了跨学科人才培养计划或学位授予权　① ② ③ ④ ⑤ ⑥ ⑦

(2)跨学科研究的组织机构

6. 建立了跨学科研究中心、研究所或实验室　① ② ③ ④ ⑤ ⑥ ⑦

7. 组建了跨学科创新团队、课题组或研究计划　① ② ③ ④ ⑤ ⑥ ⑦

8. 建立了大学研究院或大学学部制　　　　　① ② ③ ④ ⑤ ⑥ ⑦

9. 设立了跨学科学位点和招生培养计划　　　① ② ③ ④ ⑤ ⑥ ⑦

10. 与政府、企业或研究单位建立跨学科合作机构　① ② ③ ④ ⑤ ⑥ ⑦

(3)跨学科研究的运行机制

11. 赋予跨学科学术组织独立的财政权和人事权　① ② ③ ④ ⑤ ⑥ ⑦

12. 建立稳定的跨学科研究交流和信息共享平台　① ② ③ ④ ⑤ ⑥ ⑦

13. 实施跨学科委员会领导下的项目主任负责制　① ② ③ ④ ⑤ ⑥ ⑦

14. 明确跨学科研究主题和首席科学家负责制　① ② ③ ④ ⑤ ⑥ ⑦

15. 组建跨系跨学院和跨学科的研究团队　　　① ② ③ ④ ⑤ ⑥ ⑦

16. 基于团队的公平的利益分配和激励机制　　① ② ③ ④ ⑤ ⑥ ⑦

(4)跨学科研究的经费支持

17. 由学校提供跨学科研究专项基金　　　　　① ② ③ ④ ⑤ ⑥ ⑦

18. 获得国家自然科学和社会科学基金的资助　① ② ③ ④ ⑤ ⑥ ⑦

19. 获得国家或省级重大专项基金的资助　　　① ② ③ ④ ⑤ ⑥ ⑦

20.获得产业基金或企业研究基金的资助　　　　　　① ② ③ ④ ⑤ ⑥ ⑦

(5)跨学科研究的评价机制

21.建立了跨学科学术评审委员会　　　　　　　　① ② ③ ④ ⑤ ⑥ ⑦

22.承认在交叉或其他学科出版物发表的成果　　　① ② ③ ④ ⑤ ⑥ ⑦

23.承认团队学术研究成果或工作业绩　　　　　　① ② ③ ④ ⑤ ⑥ ⑦

24.宽松和持续的评价时间周期　　　　　　　　　① ② ③ ④ ⑤ ⑥ ⑦

25.注重研究成果的创新性和质量　　　　　　　　① ② ③ ④ ⑤ ⑥ ⑦

(6)跨学科研究的专业社会网络

26.举办跨学科主题的学术研讨会、工作会或论坛　① ② ③ ④ ⑤ ⑥ ⑦

27.设立跨学科教学或者科研的学术奖项　　　　　① ② ③ ④ ⑤ ⑥ ⑦

28.在主办学术期刊上增加跨学科主题文章发表　　① ② ③ ④ ⑤ ⑥ ⑦

29.组建虚拟学术交流平台,促进研究者跨学科学习　① ② ③ ④ ⑤ ⑥ ⑦

30.创新跨学科学术期刊或出版跨学科系列专著　　① ② ③ ④ ⑤ ⑥ ⑦

(7)跨学科研究的文化氛围

31.支持研究者跨学科领域开展学术研究　　　　　① ② ③ ④ ⑤ ⑥ ⑦

32.鼓励和资助教师学习新学科和新领域知识　　　① ② ③ ④ ⑤ ⑥ ⑦

33.注重新的学科团队培养或发展跨学科团队　　　① ② ③ ④ ⑤ ⑥ ⑦

34.塑造不同背景研究者之间的交流氛围与环境　　① ② ③ ④ ⑤ ⑥ ⑦

35.崇尚学术自由和多元化学术价值观　　　　　　① ② ③ ④ ⑤ ⑥ ⑦

(8)与产业界或政府的联系

36.围绕现实问题和产业界需要开展跨学科项目　　① ② ③ ④ ⑤ ⑥ ⑦

37.吸引产业界或政府资助跨学科教学与研究　　　① ② ③ ④ ⑤ ⑥ ⑦

38.与产业界或政府合作开展跨学科研究项目　　　① ② ③ ④ ⑤ ⑥ ⑦

39.与产业界或政府共建各类跨学科研究平台　　　① ② ③ ④ ⑤ ⑥ ⑦

40.按照需求为产业界培养跨学科人才　　　　　　① ② ③ ④ ⑤ ⑥ ⑦

三、您单位的科学创新能力

41.论文发表数或热门论文数居全国高校前列　　　① ② ③ ④ ⑤ ⑥ ⑦

42.论文被引次数或高被引论文数居全国高校前列　① ② ③ ④ ⑤ ⑥ ⑦

43.一流或高水平知名学科数量居全国高校前列　　① ② ③ ④ ⑤ ⑥ ⑦

44.专利申请数或专利获得数居全国高校前列　　　① ② ③ ④ ⑤ ⑥ ⑦

45.高被引论文占论文发表比率居全国高校前列　　① ② ③ ④ ⑤ ⑥ ⑦

四、您认为有效推动跨学科教学与研究的政策应包括

非常不重要　　　　　一般　　　　非常重要

46.国家层面对跨学科教学与研究的支持　　　　　① ② ③ ④ ⑤ ⑥ ⑦

47.构建有效的跨学科学术组织结构与形式　　　　① ② ③ ④ ⑤ ⑥ ⑦

48.激励跨学科活动的学术管理体制和运行机制　　① ② ③ ④ ⑤ ⑥ ⑦

49.大力资助跨学科教学和研究活动　　　　　　　① ② ③ ④ ⑤ ⑥ ⑦

50.构建有利于跨学科教学与研究的评价体系　　①　②　③　④　⑤　⑥　⑦

51.积极构建跨学科学术社会网络　　①　②　③　④　⑤　⑥　⑦

52.大力加强与产业界的跨学科合作　　①　②　③　④　⑤　⑥　⑦

后　记

　　本研究是国家自然科学基金管理科学部主任基金(70941011)和中国国家博士后科学基金(20100471750)的核心研究成果。本书能够顺利出版,得到了浙江省社科联省级社会科学学术著作出版资金的资助。

　　科学创新的三大核心要素是原创性研究、人力资本结构与自由学术组织。长期以来,我国大学的一线教学科研人员缺乏真正的学术权力与地位,只能按部就班地完成教学科研任务与绩效评价指标,很难根据学术自由和科学兴趣开展有效深入的科研合作。因此,加快大学跨学科学术组织建设是我国高校由行政主导型向学术自组织主导型转变的一个新契机。本书的核心贡献是基于自组织理论,构建了新型跨学科大学的组织结构模型,并从宏观、中观和微观层次上提出了我国高等教育管理体制改革和促进跨学科学术组织发展的 21 项政策性建议。

　　在本书完成过程中,得到了很多专家学者的指导意见和帮助,为本书研究成果的实现奠定了良好的基础。在此,特别感谢国家自然科学管理科学部主任基金的专家和研究团队成员,他们是:中国科学院研究生院的周寄中教授、清华大学的李正风教授、西交利物浦大学的席酉民教授、中国科学院科技政策与管理科学研究所的樊春良研究员、中国科学时报的詹正茂研究员等。

　　最后,谨将这本专著献给我两鬓斑白的父母双亲,他们为我的成长倾注了全部心血和期望。同时,也将这本专著献给我深爱的妻子与快乐成长的儿子,在写作过程中,她们给予了我无穷的动力!深深感谢他们对我无私的爱和默默奉献!

　　大学学术组织创新是新兴为艾的研究领域,其研究内容往往涉及多种学科理论和方法的交叉。本书只是初步涉猎了这个研究领域中的一小部分问题,受到作者知识背景、学术修养和时间精力等多方面的限制,仅仅给出了一部分问题的尝试性回答和实证检验。其中疏漏或谬误实难避免,敬请各位读者不吝指教!

张炜博士

2011 年 10 月 18 日于杭州清雅苑

图书在版编目（CIP）数据

学术组织再造:大学跨学科学术组织的成长机制 /
张炜著. —杭州:浙江大学出版社，2012.2
ISBN 978-7-308-09370-5

Ⅰ.①学… Ⅱ.①张… Ⅲ.①高等学校—科学研究工
作—体制改革—研究—世界 Ⅳ.①G649.1

中国版本图书馆 CIP 数据核字（2011）第 246025 号

学术组织再造:大学跨学科学术组织的成长机制

张　炜　著

责任编辑	周卫群
装帧设计	刘依群
出版发行	浙江大学出版社
	（杭州天目山路 148 号　邮政编码 310007）
	（网址:http://www.zjupress.com)
排　　版	浙江时代出版服务有限公司
印　　刷	浙江云广印业有限公司
开　　本	710mm×1000mm　1/16
印　　张	11.75
字　　数	224 千
版 印 次	2012 年 2 月第 1 版　2012 年 2 月第 1 次印刷
书　　号	ISBN 978-7-308-09370-5
定　　价	38.00 元
